映える幕末史

新感覚な歴史の教科書

スエヒ

はじめに

皆さん、幕末がお好きでしょうか？

幕末といえば、江戸幕府の末期のことを指す言葉です。ペリーの黒船来航・日米和親条約が締結された1854年頃の時期から、大政奉還・戊辰戦争があった1868年頃までの時期を中心に、江戸時代が終わる30～40年ほどの期間を指すことが多いですね。その後の明治維新へとつながっていく激動の時代であり、多くの時代劇、映画、小説、漫画などでモチーフにされる人気の時代ですね。

この本は、幕末から明治維新、そして明治時代へと移り変わる時代の出来事を、「現代の日常生活でよく見かけるもの」に置き換えて楽しんでいただける一冊です。いわゆるひとつのパロディですね。

たとえば。もしも幕末の時期に、現代のパックツアーのようなパンフレットがあったとしたらどんなものになるでしょう？

新選組のツアーがあれば、**土方さんにいきなり池田屋に連れて行かれそうですし、二条城の大政奉還見学は、運が良ければ慶喜公に会えるプレミアムなツアー！**　なんて内容になりそうです。

そんな幕末～明治期にかけての「もしも○○だったら…？」が盛りだくさんに掲載されておりますので、日本史に興味がない方でも、お気軽にお読みいただける内容かと思います（本当に）。ぜひ、お暇な時間にパラパラと本書をめくりながら、幕末を駆け抜けた志士たちの、現代人とあまり変わらないであろう、笑ったり悩んだりする「等身大すぎる姿」を思い浮かべてみていただければ幸いです。

スエヒロ

幕末の旅

オプショナルツアー一覧

対象期間：嘉永6年～慶応3年

新選組 御用改め同行ツアー　隊を選べる

京都守護職配下の治安維持組織・新選組にご同行いただけるプランです。京都市中を見回り、御用改めをご見学いただけます。同行いただく隊をお選びいただけます。

プラン・スケジュール
①八木邸に集合(見回り開始1時間前までに集合) ②隊選択(隊長にお声がけください)③見回り開始

大隈重信と野球観戦&始球式ツアー

大隈重信と一緒に、米国野球チームと早稲田大学野球チームの試合を観戦するツアーです。試合前の始球式にもご参加いただけます。※先着1名様限り

プラン・スケジュール
①球場集合　②始球式に参加(打者は必ず空振りします) ③野球観戦 (大隈重信の解説付き)

二条城 大政奉還見学　プレミアム

二条城・二の丸御殿にて大政奉還をご見学いただける限定プランです。事前に予約いただければ江戸幕府第15代将軍・徳川慶喜と謁見いただけます。

プラン・スケジュール
①二条城集合 ②二の丸御殿に移動 ③重臣による大政奉還諮問 ④慶喜と記念撮影

五代友厚といく英国ツアー　ゆったり長期

五代友厚が同行して英国に留学するツアーです。英国以外にも欧州各国をめぐり、紡績機械や武器の買い付けなどをご体験いただくことができます。

プラン・スケジュール
①日本出発　②英国到着　③欧州各国を歴訪　④随時帰国(情勢により帰国時期は変更となります)

いろは丸 ゆったりクルーズ

海援隊の蒸気船「いろは丸」に乗船してクルーズをお楽しみいただけるツアーです。航路は長崎港から大坂までとなります。
※代表・坂本は乗船しません。

プラン・スケジュール
①長崎港に集合 ②船による移動(船内で新国家体制の基本方針の策定イベントあり)③大坂に到着

池田屋 尊攘派トークショー

京都三条木屋町の旅館・池田屋で長州藩・土佐藩などの尊王攘夷派志士メンバーによる謀議トークショーを御覧いただけるプランです。
※サプライズ演出あり

プラン・スケジュール
①池田屋に集合(裏口から入館) ②長州藩・土佐藩メンバーによるトークショー(2時間前後)

奇兵隊 入隊体験ツアー

藩士以外の武士・庶民の方でもご参加いただける入隊体験ツアーです。西洋軍服を着てツアーにご参加いただけます。※軍服はツアー終了後お持ち帰りいただけます。

プラン・スケジュール
①隊舎に集合 ②大村益次郎の挨拶 ③訓練 ④大村益次郎の挨拶 ⑤解散

ええじゃないか体験(御札付き)

仮装などをしながら「ええじゃないか」と踊る騒動にご参加いただけるる体験ツアーです。御札が降ってきた場合は、お持ち帰りいただけます。

プラン・スケジュール
①ええじゃないか会場集合(近畿・四国・東海)
②ええじゃないかスタート　③自由解散

第3章 明治SNS維新の狼煙 薩長同盟へ

第4章 幕末の終わり 新時代の幕開け

第1章

黒船来航

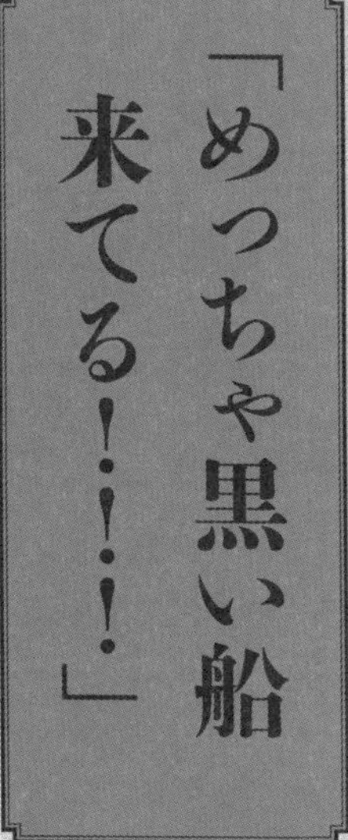

1853年　ペリーが浦賀に来航
　　　　プチャーチンが長崎に来航
1854年　日米和親条約の締結

試衛館に入られた先輩の声

試衛館に入門された先輩たちの声

Senpai's Voice

男性

ケンカばかりしていた毎日。試衛館でやりがいを見つけた。

H方T三

試衛館に入る前は、実家の手伝いで薬売りをやっていましたが、将来への不安もあってケンカばかりしていました。試衛館に入ってからは、実践的な剣術を学ぶことで、充実した毎日を送ることができています。やりがいも感じられて、いつかもっと大きな仕事を成し遂げられそうな道場です。

男性

得意な突きをしっかりと練習しつづけたら塾頭になれた。

O田S司

9歳くらいのころから内弟子になって道場に通っています。突き技が得意だったので、毎日しっかりと練習をして三段突きをマスター。それが評価されて塾頭に任命され、いまでは出稽古なども任されています。若くても実力があればしっかりと評価してもらえる道場です。

〉入門に関するの資料請求はこちらから！

試衛館の公式サイトに掲載されている諸先輩方の声。ケンカが強い先輩と、突きが得意な先輩がいます。

幕末・維新の勉強コーナー

新選組を支えた面々が顔を連ねた「試衛館」

試衛館

幕末の江戸にあった剣術の道場。天保10年に天然理心流・3代目の近藤周助が創設した道場です。のちに新選組局長となる近藤勇のほか、土方歳三、沖田総司、井上源三郎らが門弟として在籍。また食客として永倉新八や原田左之助、斎藤一もいたとされています。諸説ありますが、試衛館の場所は現在の新宿にあったとされているので、現代で考えるとアーバンな道場ですね。**近藤勇コーチがピラティスとかホットヨガを教えてくれそうです。**

天然理心流

幕末に関東におこった剣術の流派のひとつ。遠州（いまの静岡県）の近藤内蔵之助長裕という人物が創設した剣術です。重くて太い握りの木刀を振って「気力・気組みで敵を圧倒する」という、**実戦的なガチンコ＆マッチョなスタイルの剣術。**前述の天然理心流・3代目の近藤周助は、優秀だった近藤勇を養子に迎え入れて、4代目を継がせています。近隣の農村に出かけて稽古をつけるという、出張道場もやっていたそう。師範がやってきてくれるウーバー的剣術道場。

豆コラム

先輩次第で粛清されがち

試衛館に入門したとして、どの先輩のもとに行くかは悩ましいです。近藤さん・土方さんはシンプルに怖そうで近寄りがたいですし。沖田さんがいいかな？　と思いましたが稽古で手加減してくれなさそうで、そうなると山南さん、とも思いましたが一緒に粛清されそう。

島津斉彬のLINEスタンプ

15:37

スタンプ情報

SATSUMA HAN >

島津斉彬の名君スタンプ

有効期限 - 安政5年7月16日まで

保有小判: 0

献上する　購入する

名君として名高い薩摩藩主・島津斉彬公のスタンプがついに登場！
斉彬公の名言などを多数収録！薩摩隼人必携のスタンプです！

スタンプをタップすると斉彬公の声で再生されます。

斉彬公自らが考案してオリジナルのスタンプを販売していたら。「富」「国」「強」「兵」のスタンプはぜひ連続でお使い下さい。

幕末・維新の勉強コーナー

「英明近世の第一人者」と称されたイケてる名君

島津斉彬

薩摩鹿児島の藩主で島津斉興の長男。藩政改革を推進した人物で「集成館」を設立しています。船の建造のほか、反射炉（金属を溶かす施設）や溶鉱炉の建設、大砲・砲弾などの製造を推し進めました。反射炉建設が難航した際には「西洋人も人なり、佐賀人も人なり、薩摩人も同じく人なり、退屈せずますます研究すべし」と家臣を励ましている**懐の深い上司キャラ**。「英明近世の第一人者」と松平春嶽さん（福井藩藩主）も絶賛しています。

お由羅騒動

薩摩藩で起きたお家騒動。藩主・島津斉興の後継を決める際、側室であるお由羅の方の子・島津久光を推す一派と、嫡子・島津斉彬の推す一派によって起こった対立。斉彬擁立派が久光とお由羅の方の暗殺を画策したものの、藩主の斉興に露呈し、首謀者のほか四十数名が死罪に。**サスペンスドラマ的騒動**。

豆コラム

名君はイケイケIT社長

海外の最新テクノロジーを積極的に取り入れていた島津斉彬の姿を見ていると、現代のIT系のベンチャー企業の社長やいわゆるイノベーターと呼ばれるような人のイメージと近い気がします。もしくはアップルの新商品が出たらとりあえず買っておくタイプの人かもですが。あれ？　斉彬さん、それ新しい阿蘭陀製の懐中時計ですか？

幕末の無印良品

掲げるだけで官軍になれる
とっても由緒正しい旗を
用意してみました。

官軍用

錦の御旗

Nishiki no mihata

カラー・パープル
旗竿付きタイプ

勝利を保証するものではありません。

幕末良品

綿(旗部分)
木材
鉄

日本製
MADE IN JAPAN

価格　12 両

履き心地抜群！
時代の最先端をいく
西洋スタイルはきもの

男性用

西洋ブーツ

Men's boots

ブラック・革
坂本龍馬モデル

24.5cm

幕末良品

革

日本製
MADE IN JAPAN

価格　8 両

歴史的な瞬間を
写真で残して
後世に伝える

銀板写真

ダゲレオタイプ

Daguerreotype

銀メッキ銅板仕様
カメラ

露光時間は10〜20分です

幕末良品

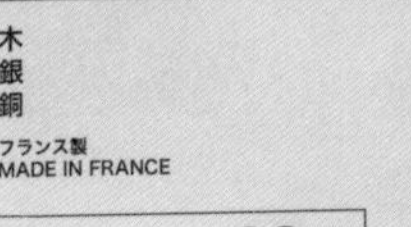

木
銀
銅

フランス製
MADE IN FRANCE

価格　23 両

刀の時代から銃の時代へ
初心者向けの
シンプルな回転式拳銃

回転式拳銃

ピストール

pistol

シングルアクション式
32口径

装弾数は6発です

幕末良品

鉄
木

アメリカ製
MADE IN AMERICA

価格　54 両

幕末でもやっぱりおしゃれで便利な無印良品的なお店。錦の御旗は旗竿付きのモデルなので、その場で官軍になれます。

幕末・維新の勉強コーナー

掲げるだけで元気100倍「錦の御旗」

錦の御旗

赤地の錦に、金銀で日月を刺繍したり描いたりした旗。鎌倉時代におきた「承久の乱」のとき、後鳥羽上皇から官軍の大将に賜わったのが最初といわれており、それ以後**朝敵を征討する官軍の旗印**として用いられています。戊辰戦争では、新政府側に錦旗が与えられ、賊軍の立場になってしまった旧幕府側に大きな影響を与えました。現在では「自分の行為・主張などを権威づけるために掲げる名分という意味でも使われる言葉です。勝てば官軍。

ダゲレオタイプ

フランスの発明家ダゲールが発明した写真法。現像には水銀蒸気を用いており、現在の写真技術のルーツになる写真法で、銀板写真とも呼ばれています。日本では島津斉彬が自身をダゲレオタイプで撮影させていたりします。その後、露光時間が大幅に短い（それでも5～20秒の）湿板写真という写真技法が確立して、写真そのものが広まっていきます。坂本龍馬の有名な肖像写真も湿板写真ですね。坂本さん～、はい、ポーズ！（10秒動かないで）。

豆コラム

文明開化 de ショッピング

雑貨などを売っているお店に行くと、こんなものがあるのか！　これいいな！　といった具合に、買おうと思っていなかったものをうっかり買ってしまいがちです。幕末の時代の人々も、横浜あたりのお店で「なにこのコウモリの形の傘！　かわいい！」「このピストルすごくいい！　小さい！」的に、使わない余計な文明開化グッズをカゴに入れていたのかもしれません。

1853年

黒船のチケット

★ペリー率いる東インド艦隊と行く!ひらけ鎖国・日本!★

THE黒船ツアー

<<営利目的での転売禁止・転売チケットでの乗船不可>>

■主催 東インド艦隊　■協力 アメリカ合衆国

■お問い合わせ マシュー・ペリー

天候により到着時間が前後する場合がございます。また現地国が開国要求に従わない場合、現地での戦闘行為が実施される場合がございます。戦闘中の怪我、事故等の責任は負いかねます。

嘉永6年6月3日　(金)
浦賀沖 (江戸湾入り口)
17:00 到着 / 翌9:00 開国要求 ＊雨天・荒天決行
サスケハナ号 A - 1席 / 司令官 1名

1929918834
223 2113

(黒船)

サスケハナ号
(A列 - 1)
司令官
1名

嘉永6年
6月3日
17:00

ペリー率いる東インド艦隊と行く!
ひらけ鎖国・日本!

THE黒船ツアー

主催: 東インド艦隊
協力: アメリカ合衆国
お問い合わせ:マシュー・ペリー (東インド艦隊)

浦賀沖 (江戸湾入り口)
嘉永6年6月3日　(金)
17:00 到着 / 翌9:00
開国要求 ＊雨天・荒天決行

サラトガ号 A - 2席 / 海兵 1名

<営利目的での転売禁止>
天候により到着時間が前後する場合がございます。また現地国が開国要求に従わない場合、現地での戦闘行為が実施される場合がございます。戦闘中の怪我、事故等の責任は負いかねます。

ペリー率いる東インド艦隊と行く!ひらけ鎖国・日本!

THE黒船ツアー

嘉永6年
6月3日
17:00 START
全席指定

サラトガ号
A - 2
海兵 1名

185378-1700

普通見物券

浦賀港

嘉永6年6月12日 1回限り有効

黒船船内に立ち入ることは出来ません。
幕府許可時刻から2時間以内有効

¥130
19:04

KA6.-6.-12　江戸幕府発行
1848-01

コンビニで発券できる黒船チケット。ぴあっぽいほうのチケットは司令官席なので、なかなかの良席ですね。入場用のチケットもあります。

幕末・維新の勉強コーナー

開港の狼煙があがった「黒船来航」

黒船（くろふね）

日本に来航した欧米諸国の帆船で、特に船体をタールなどで黒く塗ってあったことから黒船と呼ばれています。幕末には西洋型の船舶（せんぱく）全般を指しますが、とくに嘉永（かえい）6年（1853）に来航した米国艦隊のことを言います。転じて現代では国内に大きな衝撃をもたらすような、海外からの新しい製品やテクノロジー・人物などを指しますね。大相撲の小錦（こにしき）、プロ野球のホーナー（助っ人外国人）、グラビアのリア・ディゾン（アイドル）などが有名です。**全体的に古いですが。**令和の時代にはどんな黒船が来るのでしょうか。

浦賀（うらが）

黒船こと米国艦隊が来航したのが相模国（さがみのくに）の浦賀。浦賀の奉行はその後、沿岸警備も担当することとなり、国防にも大きな役割を果（は）たすことになっていきます。江戸の人々も最初は黒船を恐れていたものの、時間が経つにつれ興味のほうが勝（まさ）り、黒船を見物に訪れる人も増えていったそう。**人間そんなものですね。**「黒船見物無用（黒船を見物するの禁止な）」という立て札も幕府が立てるほどだったそうです。

豆コラム

王様のブランチでも特集しがち

黒船を見物する人が多かった、ということを考えると、歴史の転換点とも言える出来事も、庶民にとっては違う受け取り方だったのかもしれません。「飛行機が飛んでる！」「黄色い新幹線が走ってる！」「バニラのアドトラックだ！」くらいの感覚で、「めっちゃ黒い船来てる！」程度のほどよさで黒船来航を受けとめていたのかもしれません。ねえ、週末浦賀いかない？

1853年

ペリー来日決定の新聞広告

航相次ぐ

鎖国を敷いている
政府に、とって対
応を迫られる状況
に。
なっている。対馬
のほか五島の蝦夷
地な陸奥沿岸など
ては連日ように外
国戦績の来航が日
事された。
江戸幕府への通報
も相次ぐ状況とな
っている。これを
受け幕府の老中は
緊急の会議。その

あの司令官が黒船に乗ってやってくる！　鎖国千秋楽ですので、この後の追加公演は予定されていません。

幕末・維新の勉強コーナー

日本に開国を迫った司令官「マシュー・ペリー」

ペリー

米国の海軍軍人で、東インド艦隊司令長官として、嘉永6年に軍艦4隻で浦賀に来航した人物。威圧的な交渉で日本に開港を迫り、翌年には再び日本を訪れて日米和親条約を締結しました。日本人が描いたペリーの肖像は「鬼」のような形相で描かれていますが、「幕府がそのように描かせた」「画家がペリーを見たことがなかった」等の説があります。**いずれにしてもかわいそう。**「ぺるり」というポップな呼び名もあります。

阿部正弘

江戸末期の老中。25歳の若さで老中に昇進して、水野忠邦が上知令の失敗で失脚したあと老中首座になった人物。黒船来航時の最高責任者として、ペリーの開国要求に対して朝意（朝廷の意見）を伺うなど対応を推し進めました。当人は、結構なイケメンだったそうで**大奥の女性陣にもモテモテ**だったそうです。

豆コラム

ペリーみたいでお似合いですよ

鬼っぽいかどうかはさておき、教科書に載っているペリーの肖像画は、大きな体躯に凛と立つ軍服姿で非常にインパクトがあります。「ぜってー、開国してやっぞ」的な強い意志を感じるといいますか（気のせいかもですが）。あと髪型もニュアンスパーマっぽくてよいので、いつかあの髪型にチャレンジしてみたいです。この肖像画みたいな髪型にしてもらえます？

伊能忠敬の通販広告

持ち運びOK!どこでも天体の地平線からの高度を測定できる！

海外でも大人気

天体観測で大人気の「象限儀(四分儀)」がついに登場！天体の高度測定から、太陽や明るい星の子午線高度を利用で緯度も割り出せる！観測道具の決定版がついに日本上陸！

これはすごいゾ！

伊能忠敬氏も愛用！人気沸騰中！

あの大日本沿海輿地全図を製作した地図界のカリスマ・伊能忠敬氏も「これがなければ日本地図をつくることはできなかったかもしれません※」と大絶賛！各地で品切れ続出中！いますぐコールセンターにご注文ください！

※伊能忠敬さん、個人の感想です。

忠敬さん大絶賛！

「大日本沿海輿地全図」製作者・伊能忠敬氏

測量でおなじみの伊能忠敬さん公認の通販グッズ。象限儀で地形を測るだけで運気上昇！　僕にも彼女ができました！

幕末・維新の勉強コーナー

ガチンコすぎる日本地図の父「伊能忠敬」

伊能忠敬（いのうただたか）

日本地図を作成した江戸時代の測量家。晩年に数学や暦学に興味を持ち、49歳で隠居してから天文学者に弟子入り、測量活動に携（たずさ）わるようになったという人。日本史に燦然（さんぜん）と輝く**「何かを始めるのに遅いことなどない」**を体現している偉人です。18年間にわたって日本全国の沿岸を測量し続け、「大日本沿海輿地全図（だいにほんえんかいよちぜんず）」（伊能図）を作成中に74歳で死去。その後を弟子たちが継いで地図が完成します。継続力がエグいです。

象限儀（しょうげんぎ）

18世紀の終わりごろまで、天体の高度観測に用いられた器械。四分儀（しぶんぎ）ともいいます。四半円形の半径のひとつを垂直に立て天体を観測することで、高度が測定できるというもの。より大きな構造のものも存在しており半径3メートルの象限儀もあるそう。部屋に入らないサイズなので、**買って帰ったら怒られるやつ**ですね。

豆コラム

雨の日は休みたい測量ワーク

もしも伊能忠敬と同じ時代に生きていたら「仕事のお手伝いをしたい！」と思う一方で、リアルに考えると歩いて日本一周を測量してまわるのかあ、と及び腰になります。忠敬は厳格な性格で「測量期間中は隊員の飲酒は禁止」という規則だったそうなので、これはちょっと無理かも…という気もしました。偉業（いぎょう）を成（な）し遂（と）げる人はやっぱり違いますね（遠い目）。

小林一茶のCDのジャケット

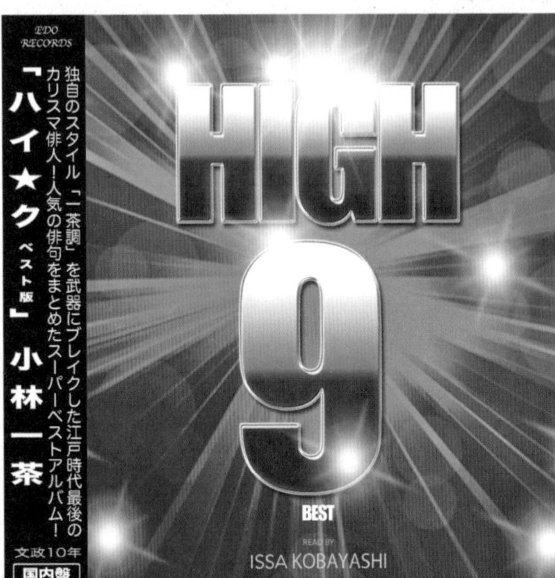

俳人・小林一茶がCDを発売していたら。代表曲（句）「やせ蛙」はシングルカットもされている一茶アンセムです。正岡子規も大絶賛。

幕末・維新の勉強コーナー

一茶調で独自の世界を作った俳人「小林一茶」

小林一茶

江戸時代後期の俳人。全国各地に俳諧行脚の生活を送り、晩年は故郷に戻って俳諧の宗匠として地位を得た人物です。妻子に先立たれるなど不幸な境遇を過ごしながら、「一茶調」と呼ばれる独自の俳風を生み出していきました。松尾芭蕉、与謝蕪村らと並ぶ江戸時代を代表する俳人の一人として挙げられています。「雀の子そこのけそこのけお馬が通る」なんかが有名ですね。**DA PUMP の ISSA も、小林一茶から付けられた名前だとか。**

正岡子規

明治時代の俳人・歌人。俳句革新・短歌革新に乗り出し、小林一茶に注目したのも正岡子規です。また当時日本に広がり始めた「野球」に入れ込み、自身も熱心にプレーしながらバッターを「打者」、フォアボールを「四球」と訳したりしています。**口から血を流して止めるまで熱心にプレーしたという野球好き。**

豆コラム

俳人のヒップホップ帽子的な

小林一茶や千利休が被っている、円筒形で頂が平らなあの頭巾は、茶人帽・和帽子と呼ばれたりしています。あれを被っているだけで「いい句を読みそう」「おいしいお茶を淹れてくれそう」という気がしてきます。一般的には板前さんの白色タイプが多いですが、カラータイプもアマゾンや楽天では売っているようなので、今度買ってみたいと思います。

幕末のイケア

RENGA BASHI

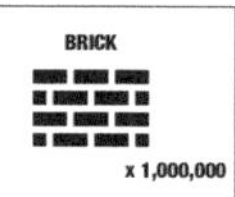

洋式銃

ミニエー銃

オランダ製

パーカッションロック式(雷管式)
前装式
プリチェット弾

▶洋式銃として一般的なライフル歩兵銃です。

▶マスケット銃にライフリングを刻みこんだものです。

▶弾丸が発射時に、充分な回転を持っているため飛距離と命中精度が優れています。

両 **18**

※弾は別売りです。

BAKUMA ▶装弾に時間がかかる場合がございます。訓練してご使用ください。

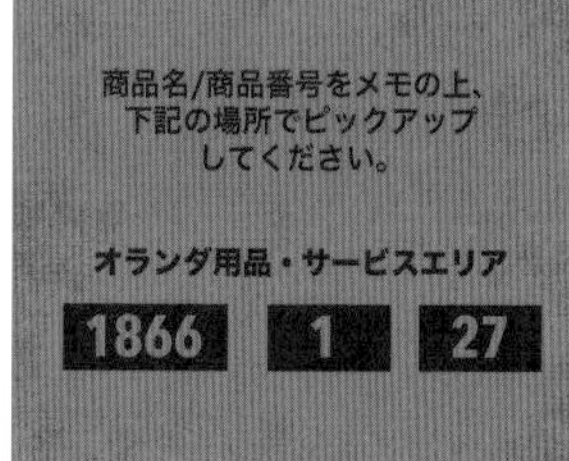

お茶
ドリンクバー

分 **1**

BAKUMA

幕末の浦賀あたりにイケア的なお店があったら。お茶飲み放題のドリンクバーは湯呑をレジまでお持ちください。

幕末・維新の勉強コーナー 

侍用品から西洋雑貨まで揃う「幕末のイケア」

ミニエー銃

前装式ライフル銃の一種。1846年にフランスで発明された先込め式ライフル銃で、フランス陸軍のクロード＝エティエンヌ・ミニエー大尉によって開発されたものです。江戸幕府は幕末にオランダ製のミニエー銃を採用しています。その後、改良が進んだエンフィールド銃が登場し、外国商人の手によって日本に輸入され、戊辰戦争、西南戦争などで使われました。幕府軍への配備当時、**銃の操作マニュアルを翻訳したのは福沢諭吉**です。ライフルのすすめ。

煉瓦建築

建築材料として用いられる煉瓦は幕末に輸入されはじめ、反射炉などが最初期に作られました。その後、明治時代に入ると国内でも煉瓦が生産されはじめ、構造材や仕上材として明治期の多くの建築物に使用されました。代表的な建築物には、**長崎造船所、富岡製糸場、銀座煉瓦街**などがあります。地震に弱いため、関東大震災以降は構造材としての用途は減っていきましたが、赤色の特徴を生かした美しい装飾材料として用いられています。横浜や神戸などオシャレ街のイメージ。

豆コラム

家に増えていく青い袋

イケアに行くと、レストランでついつい頼みすぎてしまったり、毎回持ち帰り用のバッグ（青いやつ）を忘れがちですが、幕末のイケアでも同じように、軍鶏鍋を頼みすぎたり、和菓子「松風」（司馬遼太郎の小説に出てくる）を取りすぎたりしそうです。バッグは風呂敷で、黄色が店内用、青色が持ち帰り用。ホットドッグの代わりに、ふ菓子でもかじりながら帰路につきたいものです。

葛飾北斎のジャンプコミックス

エドコミックス ★各巻とも好評発売中！

バクマツ。	1～	坂本龍馬
獄中先生しょ～いん	1～	吉田松陰
幕末リーダー伝いさみ！	1～	近藤勇
逃げる！お兄さん	1～	桂小五郎
くろふねっ	1～	ペリー
バクフの王子様	1～	徳川慶喜
サイゴーゴ･ゴーゴゴ	1～	西郷隆盛
トシの奇妙な冒険	1～	土方歳三
大奥ゾーン	1～	篤姫
無血開城る	1～	勝海舟
トシミチの碁	1～	大久保利通
ピャーと斬る！イゾウ	1～	岡田以蔵
デス・ソード	1～	沖田総司

インターネットでも江戸幕府のコミックスが購入できます。
最寄りの藩主受け取りなら送料無料！

葛飾　北斎

引っ越しが大好きなので、気が向いたらすぐに引っ越しています。これまで最高で一日に3回引っ越したこともあります。計93回くらいしているので、生きてる間に100回は目指したいですね！

●『富嶽』一月号収録

北斎先生がジャンプ的な少年誌で連載していた場合のコミックス。「浮世絵柱」なんかが出てきそうな雰囲気です。

幕末・維新の勉強コーナー

海外にも広く影響を与えた絵師「葛飾北斎」

葛飾北斎

江戸時代後期の浮世絵師。狩野派や琳派のほか洋風銅版画の画法なども取り入れ、独自の画風を確立。「富嶽三十六景」「北斎漫画」などで知られています。70年間にわたり作画活動をつづけ、ゴッホなど印象派の画家にも大きな影響を与えています。**90回を超える転居、30回の改号など奇行**も多く、逸話の多いおもしろアーティスト。晩年の画号（ペンネームみたいなもの）「画狂老人」「卍」あたりも最高です。

浮世絵

江戸時代に発達して広がった風俗画の様式。遊里や遊女、役者などを描いたもので都市の歓楽境（楽しみを提供してくれるところ）、いわゆる「浮世」をテーマにしたものです。北斎のほか、喜多川歌麿、東洲斎写楽、歌川広重、歌川豊国、歌川国貞、歌川国芳など様々な浮世絵師が活躍。海外でも高く評価されています。

豆コラム

歌舞伎役者のキーホルダーも

東洲斎写楽など「似顔絵」を得意とする絵師が登場したことで、歌舞伎役者を描いた役者絵・美人画がブロマイドとして広く売れたそうです。一昔まえの原宿のブロマイドショップのような店の前で、町娘がキャッキャウフフしていたのでしょうか。微笑ましい。浮世絵が描かれた筆とか文鎮とかふんどしとかもキャラクターグッズ的に売られてても不思議じゃないですね。

ジョン万次郎の帰国乗換案内

21:36

transit.edoo.co.old

E! 旅路情報

ログイン　五人組ID登録

旅路情報　鎖国情報　将軍家情報　時刻表　マイページ

1本前　1841年1月27日　天保12年1月5日 出発　1本後

早 時間順　幕 幕府都合順　安 料金順

天保12年1月5日　発 宇佐浦(土佐)　時刻表｜地図

1波乱

遭難・足摺岬

南東15キロメートルほどの沖合での操業中
強風による遭難

天保12年1月10日　鳥島　時刻表｜地図

救出・米国捕鯨船

船長ウィリアム・ホイットフィールド率いるアメリカ合衆国の捕鯨船ジョン・ハウランド号

天保12年11月20日　ハワイ　時刻表｜地図

捕鯨航海

グアム、ギルバート諸島、モーレア島、ホーン岬などを経由

天保14年5月7日　着 マサチューセッツ州　時刻表｜地図

鎖国終了時期を検索

検索条件を変更

ジョン万次郎が漂流からアメリカにたどり着くまでをしっかりナビゲート。復路の予定到着時間は10年後。

幕末・維新の勉強コーナー

波乱万丈がすぎるけど格好いい「ジョン万次郎」

ジョン万次郎

中浜万次郎。漁の最中に台風で遭難し鳥島に漂着し、アメリカ合衆国の捕鯨船に救助されアメリカへ渡ることになります。米国で教育を受け、捕鯨などに携わった後、日本に帰国。幕府に登用されて翻訳や英語教育などに携わり、日米和親条約の締結にも尽力します。通称の「ジョン万次郎」は井伏鱒二の小説に由来しますが、本人は**救助された船の名前からつけられた「ジョン・マン」という名**を使っていたそう。シンプル力強い名前。

鎖国

江戸幕府が採った体外封鎖政策のこと。海外への往来禁止やキリスト教禁制のほか、貿易に関しても厳しく制限をかけ、国際的に孤立した状態のことを指して鎖国と呼びます。江戸時代、**200年以上もの間、ず〜っと島国に閉じこもっていた**わけですね。そりゃうっかり明治維新も起きるわ、という長さです。

豆コラム

江戸時代のキャスト・アウェイ

「キャスト・アウェイ」という漂流映画がありますが、ジョン万次郎の場合は、さらにそこからアメリカに渡って、紆余曲折を経て日本にたどり着き、その後も活躍を続けるので、キャスト・アウェイx5くらいのストーリーになってしまいそうです。エイリアン２のコピーが「今度は戦争だ！」なので、ジョン万次郎５は「いざ地球大戦争！」くらいのコピーになりそうです。

徳川家定のインスタグラム

17:29

Edostagram

tk-iesada

あっぱれ！: Townsend Harris、他

tk-iesada 今月作ったスイーツまとめ。

カステラは焼き加減が難しかったけどうまくできた気がする。
家臣に振る舞ったら好評でよかったのでリピ確定。

振り返るとイモ系の回数がやっぱり多いかもｗ
#将軍 #料理 #スイーツ #13代 #征夷大将軍のおかし日記

shungaku これはイモ公方と呼ばざるを得ない！

6月3日

和菓子からカステラまで、自ら作ってふるまうスイーツ将軍。松平春嶽もうっかりイモ公方呼ばわり。

幕末・維新の勉強コーナー

カステラ大好きのインドア派将軍「徳川家定」

徳川家定（とくがわいえさだ）

江戸幕府13代将軍。生まれつき病弱で癇癖（かんしゃく）が強く、人前に出ることも嫌ったといわれています。そのため政務については阿部正弘（あべまさひろ）、井伊直弼（いいなおすけ）らに一任していたといわれているナイーブ将軍。一方で**お菓子作りが趣味だった**とされており、カステラや饅頭（まんじゅう）を作ったりするという、スイーツ将軍な一面も。お芋を蒸（ふ）かして部下にふるまったりもしていたことから、松平春嶽からは「イモ公方（くぼう）」呼ばわりされていたりもします。えらい言われよう。

松平春嶽（まつだいらしゅんがく）

福井藩松平家の16代当主。将軍の跡目相続（あとめそうぞく）をめぐって起こった政争では一橋慶喜（ひとつばしよしのぶ）を推挙（すいきょ）するものの敗れ、隠居（いんきょ）・謹慎を命じられています。その後は復帰し、幕府と朝廷の間に立って慶喜を後押し。**あまりの勉強好きで、習字などで多くの紙を消費していたため、父親からは「ひつじ」と呼ばれていたことも。**どんなあだ名だ。

豆コラム

将軍の権力匂わせ投稿

江戸時代の将軍といえば幕府の最高権力者なわけですから、当然富もあり、今風に言うとものすごくお金持ちなセレブリティ的な立ち位置だったとも言えます。インスタをやっていれば「行列で鷹狩（たかが）りに行ってきた」「お忍びで市中をめぐった」等々のセレブ投稿が日々されていたのではないでしょうか。御鈴廊下（おすずろうか）（大奥（おおおく）への通路）なう、みたいな投稿はややもすれば炎上しそうですが。

伊藤博文の漫画広告

Meijistagram

IshinComic
広告

IshinComic 維新の志士達を中心に話題沸騰の総理大臣ラブストーリーが遂に登場！

総理大臣伝説を読むなら「維新コミック」！！
いまなら無料で散切り頭になれるキャンペーン実施中！！

#無料 #明治維新 #長州ファイブ #総理大臣 #ラブストーリー

SNSで流れてきそうな広告。新政府メンバーはみんな読んでるヒロ君と梅ちゃんのハチャメチャ明治ラブコメディー。

幕末・維新の勉強コーナー

ワイルドすぎる初代総理大臣「伊藤博文」

伊藤博文

明治の政治家。長州萩藩で農民の子として生まれ、その後、父が長州藩の中間・伊藤直右衛門の養子となったため下級武士の身分を得ています。吉田松陰のもとで学んだのちに英国（イギリス）へ留学、開国論者となって日本に帰国し、倒幕運動に参加しています。明治維新後は初代内閣総理大臣に就任。**女好きでヘビースモーカー、睡眠時間は２～３時間というワイルド＆破天荒**な生き方をしており、明治の勝新太郎（勝新とも呼ばれる）みたいな人物です。

長州ファイブ

幕末に長州藩が英国に派遣した５人の藩士のこと。メンバーは伊藤博文、井上馨、井上勝、山尾庸三、遠藤謹助の５人で長州五傑とも言います。当時は江戸幕府が海外渡航を禁じていたため、藩命ながら密航で英国に渡っています。**課長と部長で方針が違う、みたいなパターン**で現場としては大変なやつですね。

豆コラム

パワー系総理大臣

伊藤博文は体が大きく肺活量も多かったそうです。またチェーンスモーカーとしても知られており、執務室は煙で真っ白という状態だったとも言われています。その２つを総合して考えると、漫画『グラップラー刃牙』に出てくる範馬勇次郎の如く、一息でタバコを吸いきるような人物だったのもしれません（作中にそういう描写がある）。明治のオーガだったり勝新だったりする伊藤博文。強い。

1854年

ゲームアプリ「条約ムスブムスブ」

23:03

< App

条約ムスブムスブ - 諸外国と条約結び放題！

EDO Bakufu

開国 幕府内課金

1.6万件の評価	鎖国	チャート	将軍家
4.6	250+	#120	
★★★★★	年	幕末	Tokugawa

アップデート

バージョン 1.858(安政5)

- 日米和親条約からのメジャーアップデートです。
- 新幕府キャラ 林復斎が追加されました
- 新海外キャラ ハリス、プチャーチンが追加されました。
- 神奈川・長崎・新潟・兵庫ステージが開港しました。
- 鎖国モードは本バージョンで正式に提供終了しました。

不平等すぎる条約… 1年前

★☆☆☆☆ 井伊直弼

日米修好通商モードについては、正直うーん…という印象。私が許可したと言われがちですが、「勅許を得られるまで、できるだけ調印を延期するよう、努めて交渉せよ」とは伝えていたので、私の責任と言われても困るのですが…。折衝役が勝手に調印したのかな？？酒類の関税率は、まあ悪くはないですが、一言でいうと日米関係の改悪。

レビューを書く　Bakufuサポート

Today　黒船　App　Dejima　検索

幕末のアプリストアに並んでいるゲームアプリ。諸外国と条約を結んで不平等さを競うゲームです。

幕末・維新の勉強コーナー

サインするときは気をつけよう「不平等条約」

日米和親条約

安政元年、神奈川で江戸幕府とアメリカ合衆国使節ペリーとの間で結ばれた条約。これによって米国船の薪水・食料などの買い入れを認めることや、下田・箱館の両港の開港、下田にアメリカ領事を置くことなどが規定されました。貿易の規定はなかったものの、日本開国への第一歩となり、幕府は同様の条約をイギリス・ロシア・オランダと締結していきます。内容に「片務的最恵国待遇」という条文があり、いわゆる不平等条約とされています。**契約書はしっかり読んで判子を押しましょう、**という歴史的事例。

林復斎

江戸後期の儒者。嘉永6年に甥である林壮軒が死去したことで急遽本家を継ぐこととなり、大学頭（幕府の役職）となります。日米和親条約調印に際しては、井戸覚弘らと全権を任されており、条約の日本文での署名者は復斎を筆頭としています。復斎は、ペリー来航時から鎖国の維持は困難と考えており、薪水や食料の補給を許すことはやむを得ずと判断して、ペリー艦隊との交渉でも柔軟に対応。**フレキシビリティの高い男**です。

豆コラム

結局、勢いでレッツサイン！

契約書に触れる機会があると、難しい文面に頭を抱える場合があります。法令を解釈するための言い回しで難しくなりがちですが、これが幕末の265年に及ぶ鎖国期＆英語というシチュエーションを考えると、チンプンカンプンさが過ぎる気がします。マシュー・ペリー（以下ペという）。

プチャーチンとペリーのICカード

来航遅延証明書

本日、琉球来航により、
来航が遅延したことを証明します。
大変ご迷惑をおかけしました。

東インド艦隊

東印度
嘉永6年5月26日
艦長

遅延年月	
1年	
2年	
3年	
4年	
5年	
10年	
年	

遅延年月	
1ヶ月	✓
2ヶ月	
3ヶ月	
4ヶ月	
5ヶ月	
半年	

日付	1	2	3	4	5	6	7	8	9	10	20	30
	✓											

ペリーとプチャーチンの財布に入っていそうなICカード。ロシア・アメリカから「ピッ!」で来航。遅れた場合は遅延証明書の提出を。

幕末・維新の勉強コーナー

ロシアからやってきた海の紳士「プチャーチン」

プチャーチン

ロシア帝国の軍人。嘉永6年に日本との通商条約締結の命を受けて長崎に来日。江戸幕府に拒否されて退去するものの、度々日本を訪問し、安政元年に下田で日露和親条約を締結しています。下田滞在中には、安政東海地震が発生し下田含めて大きな被害が発生し、旗艦であるディアナ号も津波により大破してしまうというアンラッキーな目に遭っています。ただそんな中でも**波にさらわれた日本人を救助**したりする非常にジェントルな男です。

日露和親条約

安政元年、日米和親条約に続いて幕府側の筒井政憲・川路聖謨とロシア特派大使プチャーチンが調印したロシアとの和親条約のこと。国境や開港・領事の駐在などが定められました。条約は日本語、ロシア語、中国語などで書かれていますが、中国語のものでは、**プチャーチンの表記が「布恬廷」**と記されています。なんか格好いい。

豆コラム

プチャーチンの深イイ話

プチャーチンは下田で船が大破したあと、滞在していた伊豆の戸田村で、船の設計図をもとにロシア人の指導の下、村の船大工により代船を建造しています。国をまたいだプロジェクトX感がめちゃくちゃあるのですが、さらにプチャーチンは完成した船に、感謝を込めて「ヘダ号」と命名しています。これは完全に泣かせにきてますね、プーさん。

幕末のメンズノンノ

急な御用改めでも絶対！確実！スマート！に対応できる
浅葱色が決め手！新撰組の御用改めコーデ術

MATSU NON-NO
マツノンノ

湿板写真映えする
“ちょい洋装”テク
ブーツ、マフラー、
ベスト、ズボン
コート、懐中時計 etc

ハロー西洋。2
KISARAGI

特別付録
和泉守兼定
土方しつらえモデル

修好通商条約もバッチリ！
外交キレイ目コーデ

OSAKA STYLE インタビュー
五代友厚x大久保利通

岩崎弥太郎の
熱血ビジネスコーデ塾

cover & close-up
土方歳三
from shinsen gumi

幕末の合戦コーデはコレで決まり！
「幕末のいくさ」完全攻略
刀&洋装 最強コーデ術!!

西洋式いくさのマストアイテムを
シチュエーション別に完全解説！

宮中でもばっちりスマートに決める！
三条実美のきれいめ公家コーデ

幕末の志士が読むファッション雑誌があったとしたら。これから髷を落とそうという方はぜひ。

幕末・維新の勉強コーナー

ロマンスに粛清に大忙しの新選組副長「土方歳三」

土方歳三

新選組の副長。武蔵国多摩郡の農家の出身で、薬の行商の合間に天然理心流の剣術を学んだと言われています。文久３年新選組の結成に参加。近藤勇が局長、土方は副長を務め、池田屋事件などで活躍しました。鳥羽・伏見の戦いに敗れたあとも官軍に抵抗し、箱館・五稜郭の戦いで戦死しています。鬼の副長と呼ばれながらも、非常に女性にモテて**若い女性からのラブレターも絶えなかった**そう。オラオラ系イケメンの元祖かもしれません。

五代友厚

明治時代の実業家。薩摩藩の出身で、長崎で学んだ後、ヨーロッパ視察に参加し藩の貿易発展に尽力。明治維新後は実業家に転身し大阪の商工業の発展に貢献した人物。記憶力が抜群だったり、身なりが粗末だったり、**庭に向かっていきなり小便をしたり**と、かなり風変わりな人物で、友達になれるかは不安です。

豆コラム

風呂にも厳しい鬼の副長

熱いお風呂が大好きだったと言われる土方さんですが、「この程度の熱さの風呂に入れなくてどうする」的なことをうっかり言うタイプだったそうで、一緒に銭湯に行きたくはないなと思います（サウナとかのマイルール的なものも厳しそう）。まず水風呂に入ってガッチガチに震えてからサウナな！　それができないやつは粛清な！

第2章

攘夷だね！
開国だね！

1858年	日米修好通商条約の締結
	安政の大獄
1860年	桜田門外の変
1862年	和宮降嫁
	生麦事件
1863年	薩英戦争

桜田門外の変勃発

松下村塾のポスター

有名幕末志士を多数輩出！

久坂玄瑞、吉田稔麿
高杉晋作、伊藤博文
ほか多数…

幕末No.1の志士輩出率

塾長・吉田松陰も投獄中！

投獄実績 **2回**

野山獄投獄中！

吉田
松陰 松下村塾 長州萩城下・松本村
木造瓦葺き平屋建て小舎

松下村塾の近所に貼ってありそうな入塾勧誘のポスター。ただし、塾長は投獄中なので塾には来ませんが。

幕末・維新の勉強コーナー

投獄されがちな尊王論者先生「吉田松陰」

吉田松陰

幕末の思想家。佐久間象山に師事し、ペリーの浦賀来航の際には海外への密航を企てるという大胆な行動にでるも失敗。萩の野山獄に投獄されました。出獄したあとは、萩に松下村塾を開き、多くの尊王攘夷運動の指導者を輩出。その後、幕府批判などにより安政の大獄で刑死しています。宮部鼎蔵と旅行をした際には、藩からの通行手形が間に合わず、宮部との**約束を守るためにそのままうっかり脱藩**したりしています。生涯通算の投獄歴は5回（されすぎ）。

松下村塾

萩の松本村にあった私塾。野山獄から出獄し後に謹慎を命じられていた吉田松陰が、叔父の跡を継いで実家で講義を始めました。長州公認の塾となり、久坂玄瑞、高杉晋作、伊藤博文、山縣有朋ら、明治維新で活躍した多くの人材を輩出。塾の建物は木造瓦葺き平屋建てで、**思いの外コンパクトでかわいい建物**です。

豆コラム

およげ吉田松陰くん

松下村塾では兵学・漢学・歴史・地理・国学などのほか、登山や水泳も教えていたそう。体育系は松陰先生のイメージになくて新鮮です。先生のバタフライが見てみたい。授業でも松陰先生の入獄エピソードや黒船密航エピソードなんかも話してくれそうなので、そりゃあ楽しくて人集まりますよね。

1854年

吉田松陰のFacebook投稿

21:30

吉田松陰さんが過去の思い出をシェアしました。

11時間・

もう1年も経つのか。早いな〜。

1年前

この日の思い出を見る>

吉田松陰

嘉永7年12月1日・

【ご報告】色々あって野山獄に投獄されました。湿気スゴい。

Kusaka Genzuiさん、山縣有朋さん、他50人

あっぱれ！　コメントする

野山獄屋敷に投獄されたことをFacebookで報告する松陰先生。「いろいろあって」の部分は推し量りましょう。

幕末・維新の勉強コーナー

松下村塾出身の時代を駆けた タレント軍団

久坂玄瑞

長州藩士。江戸時代末期の勤王家。吉田松陰のもとで学び、高杉晋作と共に松下村塾の双璧として評価されました。松陰の妹と結婚もしています。イギリス公使館の焼き討ちや、下関の外国船砲撃に参加するなど、尊攘運動を推し進め、元治元年の禁門の変（蛤御門の変）の戦いに加わるも膝に弾丸をうけて負傷、最後は自刃しました。**身長180cm以上**（当時の平均身長が150cm）**の大男**だったと言われています。でっかい。

山縣有朋

明治・大正時代の政治家。長州藩の下級武士の家に生まれ、安政５年頃から尊王攘夷運動に参加。松下村塾に学び、伊藤博文と並んで長州閥の代表的な政治家になっていきます。庭マニアでもあり、文京区に広大な土地を購入して作庭。**それが現在の「椿山荘**（東京にあるホテル）**」**だったりします。スケールが違う趣味。

豆コラム

松陰先生の獄中いいね！

Facebookには「いいね！」以外にも「悲しいね」「ひどいね」といったリアクションボタンが存在しますが、幕末のFacebookだと、それ以外にも時代にあったリアクションボタンが付いていたのかもしれません。「攘夷だね！」「官軍だね！」「公武合体だね！」「維新だね！」等々の幕末リアクション。松陰先生の場合は「出獄したのでお祝いメッセージを送ろう！」みたいな通知がきそうですが。

1856年

徳川家定と篤姫の結婚時のツイッタートレンド欄

22:09

調べごと検索

すすめ　トレンド　ニュース　流鏑馬　歌舞伎

江戸のトレンド

1.トレンド
家定と篤姫が結婚
22,425件のツイート

2.薩摩藩・トレンド
#篤姫さん
6,744件のツイート

3.徳川将軍家・トレンド
#おめでとうイモ公方様

news.edonabi.old
家定ってどんな将軍？収入は？スイーツ大好きって本当？イモ公方の…

62,837件のツイート

4.トレンド
#予測変換で輿入れ
13,745件のツイート

5.江戸城下・トレンド
#行列ヤバい

www.47edo.old
篤姫の輿入れ行列延伸で各地影響、行列は渋谷から江戸城まで

6,860件のツイート

話題の二人の結婚発表でトレンド独占間違いなし。「#予測変換で輿入れ」はぜひ皆さんご参加を。

幕末・維新の勉強コーナー

徳川家や旧幕臣のために力を尽くした「篤姫」

天璋院篤姫

第 13 代将軍・家定の正室。通称篤姫。薩摩藩主一門・島津忠剛の娘として生まれ、その後、藩主・島津斉彬の養女となり、さらに家定と婚姻するため近衛忠煕の養女となります。家定が没した後は、落飾（髪をそり、仏門に入ること）して天璋院と号しています。大政奉還に際しては、徳川家存続や江戸城攻撃を回避するため、第 14 代将軍・徳川家茂の正室・和宮らとともに尽力しました。一方で、**それ以前は和宮とは犬猿の仲だったとも**。怖っ。

輿入れ

嫁の乗った輿を婿の家に担ぎ入れる「輿入れ」。篤姫の輿入れでは渋谷の藩邸から出発して江戸城まで向かう大行列となり、先頭が江戸城に到着しても最後尾は依然藩邸にいたと言われています。嫁入り道具など**すべての品々が江戸城に運び込まれるのに 2 カ月かかった**と言われています。引越し業者泣かせの量。

豆コラム

よろこんで鈴をつけるので

篤姫はペットが大好きで元々犬を飼っていたそうですが、家定が犬嫌いだったため大奥では猫を飼っていたそうです。その猫の世話には年間 25 両（約 325 万円）もの大金がかけられ、3 人の専属の世話係がいたそう。セレブすぎるだろ、猫。首輪は紅の絹紐に銀の鈴がつけられて、毎月交換してもらっていたそうです。代わってほしい。

江戸城の手作り貼り紙

バズってます!!

注目

10月21日に江戸城にアメリカ駐日領事のタウンゼント・ハリスさんが登城されました!

タウンゼント・ハリスさん

安政4年10月21日に来日中のアメリカの初代駐日領事であるタウンゼント・ハリスさんが江戸城に登城されました！当日は、当幕府代表の徳川家定と謁見して親書を読み上げられて、お帰りになられました。ご登城ありがとうございました！

江戸城のおすすめ!西ノ丸御殿

遠侍・殿上間・虎間・大広間・大廊下・溜間・白木書院・帝鑑の間・連歌の間・山吹間・菊間・雁間・竹間・芙蓉間など充実の設備！

江戸城の壁に貼られている手作りポスター。あのハリスさんが登城された人気のお城ですのでぜひお気軽に！

幕末・維新の勉強コーナー 

ペリーとセットで覚えられがちな 初代駐日公使「ハリス」

ハリス

幕末の駐日アメリカ外交官。米国ニューヨーク州生まれて、若い頃は家族とともに輸入業を営み、その後、海外での商業活動などに携わりました。1855 年に駐日総領事に任命され下田に着任。下田協定の調印などを経て、江戸城に登城し 13 代将軍徳川家定に謁見して親書を読み上げています。安政 5 年には日米修好通商条約が締結され初代駐日公使に任命。**散歩と牛乳が大好きなおじさん**です。

江戸城

東京都千代田区にあったお城。徳川氏の居城で、江戸幕府の所在地でもあります。徳川家康の居城となったあと増築工事が始まり、寛永 13 年に完成。三重の濠を持つ大規模な城郭となりました。天守は焼失していますが、**明治時代に新政府に接収され、東京への遷都によって現在の皇居に**。ランニングしている人も多いです。

豆コラム

ペリー先輩を超えたいハリス後輩

幕末に来航したペリーとハリス。知名度ではやはりペリーのほうが高いので、たとえば歴史パロディ系の CM での起用も多い気がします。そういうものを見るにつけ「ハリス、不憫だなあ」と思っていましたが、ハリスの強気な交渉術を見ていると、本人もあの世で「ペリー、ペリー言うてるけど、実際日本を開国したのは俺」くらいに思ってるかもしれないですね。

1858年

日米修好通商条約の同意フォーム

21:21

www.nichi-bey.syukotsusyo.old

日米修好通商条約 調印フォーム

以下の内容をご記入の上、調印ボタンをして開国を進めてください。

調印者名

姓 岩瀬　名 忠震

徳川将軍名

姓 徳川　名 家茂

調印先

○ ペリー　● ハリス　○ その他

メールアドレス

iwase@edo.bakufu

調印パスワード

tokugawa14

安全性:

調印には条約の内容への同意が必要です。必ず内容をご確認の上、勅許を得てご登録ください。調印後の取り消しはできません。

アメリカ合衆国

不平等条約に同意して調印

日米修好通商条約がオンラインで調印できたとしたら。規約的なリンクはしっかり読みましょう。

幕末・維新の勉強コーナー 

レッツ輸入！　日米貿易が始まった「日米修好通商条約」

日米修好通商条約

安政５年に江戸幕府と米国との間で結ばれた条約。日米和親条約で開かれていた箱館（下田は鎖港）のほか、神奈川・長崎・新潟・兵庫の開港や、公使の交換、江戸・大坂の開市、開港場に外国人居留地を設けることなどが決められました。領事裁判権や、関税自主権の否定などの内容も定められており、日本にとっては不平等な条約になっています。大老・井伊直弼が勅許を待たずに調印に踏み切ったので、**後にめっちゃ揉めます。**

岩瀬忠震

江戸後期の幕臣、外交官。ペリー来航の時期に、目付として老中・阿部正弘に登用され、講武所や長崎海軍伝習所の開設、品川の砲台の築造などに携わりました。日米修好通商条約では、井伊直弼から全権を与えられて調印に携わり、条約にも署名。その後、将軍継嗣問題で井伊と対立し、安政の大獄で左遷されるという憂き目に。そのまま失意のうちに亡くなっています。**小栗忠順、水野忠徳とともに「幕末三俊」と評される人物。**アルフィー（日本の３ピースバンド）みたいなものでしょうか。

豆コラム

五・七・五の暗号文

ネットサービスなどの会員登録時には、CAPTCHAと呼ばれる認証方法があったりします。グニャグニャした英数字などを打ち込むアレですね。要は登録者がコンピュータではないか判断するためのものです。幕末の場合はグニャグニャになった俳句を読んで（詠んで）入力していたのかも。古池や、蛙飛び込む、みずσぉと。

1858年

安政の大獄当時の新聞広告

安政新書　幕末の江戸で話題の**最新刊!!**

藩主時々、酒と女と詩

「鯨海酔侯」山内氏が贈る人生の豊かな楽しみ方

たちまち5万部

山内容堂 著

藩主時々、酒と女と詩　山内容堂

幕末の四賢侯の一人と呼ばれる山内容堂の最新著書が登場。酒に女に詩に容堂イズムが満載。

すぐわかる反対派を静かにさせる方法

江戸の名大老が教える奇跡の弾圧術

大老・井伊直弼 著

すぐわかる反対派を静かにさせる方法　井伊直弼

将軍家を深い関わりをもつ井伊直弼氏が、反対派を無くす方法をわかりやすく図解で解説。

外交官が知る日本人の法則

英国のカリスマ外交官が教える最強の外交教本

たちまち重版！

パークス著

外交官が知る日本人の法則　パークス

幕府・朝廷と数々の交渉をこなしてきたイギリス公使・パークスが自身の交渉術と日本人を語る。

安政新社　お求めはお近くの大名・藩主まで。

今、売れています！　幕末の新聞に掲載される新書広告のラインナップ。山内容堂の著作はハードボイルドな仕上がり。

幕末・維新の勉強コーナー

恨みフラグがバッチリ立った「安政の大獄」

安政の大獄

戊午の大獄ともいいます。井伊直弼による、勅許を得ずに調印を進めた日米修好通商条約や、将軍継嗣問題での専断に対して、一橋派・尊攘派の反対運動が激化。その対応として井伊が行った弾圧のこと。宮家や公卿の尊王派にも弾圧は及び、諸侯では徳川斉昭、徳川慶篤、一橋慶喜らに蟄居や謹慎などの処分がくだされ、**公卿・大名・志士ら合計100余名**に弾圧が加えられました。これが後の桜田門外の変につながるわけです。そりゃそうだ。

山内容堂

幕末の土佐藩主。一橋慶喜を将軍継嗣に擁立する動きに参画。安政の大獄で隠退するものの、その後公武合体運動を推し進めて、慶応３年には徳川慶喜に大政奉還を建白しています。鯨海酔侯（鯨のいる海の酔っぱらいお殿様）という号を持っており、ものすごくお酒大好き。**一日に３升の酒を飲んだ**と言われています。いやいや。

豆コラム

明治維新への意識が高まる

新書系のタイトルで「○○したければ○○しなさい」というパターンがよくありますが、幕末のヒット書籍にもおそらく「なさい」系のものがランクインしていたのではないでしょうか。「文明開化したければ刀を捨てなさい」「合戦に勝ちたければ錦の御旗を掲げなさい」「日本を洗濯したかったら軍鶏鍋を食べなさい」等々。売れなさそう。

1860年

桜田門外の変の知恵袋

EDOOO! JAPAN 知恵袋

知恵袋トップ > 大老 > 悩み相談

【急募】水戸浪士に駕籠の周りを囲まれています、どうすればいいでしょうか？

済 龍 の 撃

質問者

ee_naosuke さん

当方、江戸幕府で大老をやっているものです。

きょうは所用で駕籠に乗ってでかけているのですが、桜田門の近くで、行列が何者かに取り囲まれています。
雪も降っていて、駕籠の外の様子はよくわからないのですが、怒号のほか、鍔迫り合いや争う声が聞こえてきて心配です。どうやら水戸・薩摩浪士らしき面々に取り囲まれているようなのですが…。

駕籠の外に出るべきか、中で待つべきか迷っています。
どうすればよいでしょうか？？

補足

当方、攘夷派の志士を捕えて厳しく処罰しておりますが、なにか関係がありますでしょうか？？

ベストアンサーに選ばれた回答

鉄之介 さん

ベストアンサー

雪の中大変ですね！

ただ大老というご身分もある御方なので、ここは慌てずに駕籠のなかで様子を見られたほうがよいのではないでしょうか！
桜田門の近くということで、もし不測の事態ということであれば関係者もすぐに駆けつけてくれるでしょう。

寒い中大変かと思いますが、ゆっくりと駕籠でお待ちいただくのが得策かと～。

質問した人からのコメント

そうですよね、ありがとうございます！駕籠で待ちます～！

大老・井伊直弼が駕籠の中から知恵袋に相談していたら。鉄之介さんの投稿は信用しないほうが吉です。

幕末・維新の勉強コーナー

井伊直弼が暗殺された幕末の転機「桜田門外の変」

井伊直弼

江戸末期の大老。近江国彦根の藩主。安政５年大老に就任し、一橋慶喜の擁立派を抑えて14代将軍を徳川慶福（家茂）に定めました。その後、勅許を得ずに米国総領事タウンゼント・ハリスと日米修好通商条約を締結。反対する水戸派や攘夷志士らを「安政の大獄」で大量に処罰した影響で、桜田門外で水戸の浪士団に襲撃され斬殺されています。私生活では多趣味で、能・狂言にも造詣が深く、**自ら舞台を演出することも**。

桜田門外の変

安政７年に、井伊直弼が暗殺された事件。桜田門外をいく井伊の行列を、関鉄之介が指揮する水戸・薩摩藩の集団が襲撃。雪で柄袋（雪などの水分が柄を湿らせるのを避けるためのもの）などをつけた状態だったため迎撃に遅れ、**柄のまま迎撃せざるを得ない者**も多かったそう。大老暗殺によって幕府の衰退ぶりが公然となりました。

豆コラム

駕籠の中の直弼

居合の達人ながら最初にピストルで撃たれたため、駕籠の中から動けなくなった井伊直弼ですが、もしも自分に置き換えると動く・動かない以前に「寒いから外に出たくないな」と思ってしまいそうです。なんか外でワーワーいってるけど、まあ雪も降ってるしな、くらいで駕籠の中でじっとして過ごしそうな自分が想像できます。歴史に名は残せなさそうです。

1862年

徳川家茂＆和宮様の結婚ハガキ

わたしたち、結婚しました。

先日、幕藩体制の立て直しや権威回復などへの対応として結婚しました。公武合体という名目があったものの、遠征の際などはお土産を購入するなど非常に温かい家庭を築いております。

これからもわたしたち夫婦ならびに、朝廷・幕府を、何卒末永くよろしくお願いいたします。江戸にお越しの際は、ぜひ江戸城にお寄りください。

徳川家茂・和宮
武蔵国豊嶋郡江戸1-1 レジデンス江戸城

ポストに届いた家茂＆和宮からの結婚しましたハガキ。二人の出会いのきっかけは公武合体の推進でした。

 幕末・維新の勉強コーナー 

時代に翻弄されたセレブカップル「家茂と和宮」

徳川家茂

徳川将軍家の第14代将軍。紀州藩主・徳川斉順の長男として生まれ、徳川家定の後継に関する問題で大老・井伊直弼に推されて将軍となります。その後、皇女和宮と結婚して公武合体を推進しますが政局が混迷する中、病で21歳の短い生涯を終えてしまいます。ちなみに、幕府が長州藩と対立した際に、長州藩から献上された馬について家臣に処分を問われたとき、**家茂は「馬に罪はない」**と答えています。動物にやさしい将軍。

和宮 親子内親王

仁孝天皇の皇女で、孝明天皇の妹。有栖川宮熾仁親王と婚約するものの、悪化した朝廷と幕府の関係改善のため、徳川家茂へ降嫁。その後、無血開城や徳川家存続などに尽力しました。家茂が上洛した際に、土産を問われて西陣織をリクエスト。しかし途上で家茂は死去、**西陣織だけが和宮のもとに届いた**とされています。ぴえん…。

豆コラム

盗んだ馬で走り出したい将軍

幕府の将軍という立場を考えると、生活自体はセレブだったのかもしれませんが、自分の好きなことを気軽にできない不自由な人生とも言えます。鷹狩りの帰りにちょっとコンビニに寄って帰ろうぜ～、みたいなこともできないでしょうし。できたとしても「殿ご所望のからあげの○○味が無い！」なんてことになれば、お家断絶、なんてことにもなりかねないですしね。殿も大変です。

土佐勤王党のLINEグループ

15:47

＜78　土佐勤王党 全体グループ(201)

今日

武市半平太 a.k.a. ZUIZAN

お疲れさまです、武市です。

最近グループに参加された方は、以下の盟約書ファイルをプリントアウトして、押印の上、武市までお送りくださいませ〜。

12:09

武市半平太 a.k.a. ZUIZAN

土佐勤王党_盟約文_同意書.docx
有効期限: 慶応元年5月11日
起草: 石弥太郎

12:10

5/15(金)

おかだ　いぞう

暗殺の件、対応完了しました。取り急ぎのご報告までー。

2:21

田中新兵衛

おつ斬りさまです!

2:21

2:23
坂本　龍馬が退出しました。

土佐勤王党の連絡LINEグループ。党員は勤怠のほか人斬り進捗も、このグループで報告してください。

幕末・維新の勉強コーナー 

土佐勤王党の“あご先生”「武市半平太」

武市半平太

幕末の土佐藩士・勤王家。本名、武市瑞山。半平太は通称ですね。江戸にでて久坂玄瑞らと交友、土佐勤王党を結成しました。藩政を主導していた吉田東洋を暗殺させるなど活動。公武合体論を退け、尊攘論を説きます。しかし8月18日の政変以後は弾圧され投獄。最後は切腹でこの世を去ります。半平太はあごが長かったため、坂本龍馬からは**親しみを込めて「あご先生」と呼ばれていた**そうです。それ、親しみっていうの？

土佐勤王党

土佐藩主・山内容堂が安政の大獄に連座したことを契機に、**土佐藩において尊王攘夷を掲げて結成された結社**。武市半平太によって結成された勤王党は、約200名のメンバーを抱え、ほとんどが郷士・庄屋などの下士・豪農でした。坂本龍馬も加盟者だったものの、脱藩したため土佐勤王党での行動は短期間に終わっています。

豆コラム

御用改めの現場で慌てがち

幕末にLINEがあったら便利な反面、現代でもあるようなLINE失敗あるあるで歴史が動いたかもしれません。池田屋事件はうっかり誤爆して会合の日時がバレたのかもしれないですし、逆に新選組が踏み込むときも「LINE～♫」みたいな通知音で、御用改めが察知されていたのかもしれません。ちょっと近藤さん、通知切っておいてくださいよ～、みたいな。

1862年

生麦事件のお知らせ看板

告　知

生麦村付近 行列通過のお知らせ

文久２年８月２１日
10:00～15:00
＊通過時間は前後する場合があります。

上記の告知日時で島津藩の大名行列が通過します。
往来を妨げた場合には処罰される場合がございます。

村民のほか外国籍の方も処罰の対象となりますのでご注意ください。

薩摩藩主　島津家

生麦村の近くに設置された、大名行列通過のお知らせ看板。国籍問わず、皆様下馬の上、道路脇でお待ちください。

幕末・維新の勉強コーナー

この行列、うっかり横切るべからず「生麦事件」

生麦事件

文久2年におきた、薩摩藩士によるイギリス人殺傷事件。薩摩藩・島津久光の行列が江戸からの帰途、神奈川の生麦村にさしかかった際、騎馬のイギリス人4名が乗馬したまま行列を横切ったことで斬られた事件です。悪意があったわけでもなく、「下に下に」という言葉の意味がわからず混乱しているところを斬られるという、**なんとも不憫な事件**。攘夷運動が盛り上がっていた最中の出来事だけに、賠償問題は難航し、薩英戦争の原因となりました。

薩摩藩

江戸時代に、薩摩国・大隅国・日向国（今の鹿児島、宮崎あたり）などを領有した外様大藩で、**代々島津氏が藩主を務めていた藩**です。第11代藩主・島津斉彬の時代には、養女の篤姫を第13代将軍・徳川家定の正室にするなどで台頭。長州とともに明治維新の実現を主導、新政府においても西郷隆盛、大久保利通、黒田清隆などの著名な人物を輩出しています。めっちゃ強いことで知られる薩摩一族を擬して「薩摩隼人」と呼ばれていたりもします。住民全員強そう。

豆コラム

推し大名の行列がいく

各藩ごとに規模の違う大名行列。大規模なものから、まあそうでもないこぢんまりとした行列もあったわけです。とすると見物する側にも「見に行きたい大名行列」「まあまあ見に行きたい大名行列」「暇だったら見に行ってもいい大名行列」といった序列があったのかもしれません。これ誰が行列してるの？　島津氏？　え、待って無理！　みたいなサプライズ行列もあったのかも。

幕末のスーパーのチラシ

あなたと私の新時代
スーパーMEIJIYA
HELLO NEW PERIOD

スペシャルイベント！
4日（水）には新選組が店頭で
御用改めパフォーマンス

明治改元記念セール市！

文明開化

散切り頭限定セール

3日（火）限り

文明開化グルメ！
牛肉（牛鍋用）
お一人様1つまで
得々パック！

焼き立て
あんぱん
今話題の新感覚スイーツ
木村安兵衛手作り
半額

搾りたて新鮮！
牛乳 1缶
2割引き

お徳用！パンに合う！
国産バター
1パック 3割引き

やっぱり餅！バリューパック
白餅
半額セール

米俵詰め放題サービス！
白米
お一人様1回まで

和服にもピッタリ
学生帽
Mサイズ メンズ
お得商品！

祝！文明開化ご奉仕価格！
お徳用煉瓦パック
お持ち帰り用 100個

散策にピッタリ！
人力車
1台 3割引き

西洋っぽさ抜群！
椅子 1脚
ビクトリア調
半額

こうもり傘全品
4割引き！
濡れなさ120％アップ！

4日（水）限り

当店イチオシ！今が旬！
1kg 精粟
終日3割引きセール

水曜限定
店頭量り売り販売！
軍鶏肉
鍋にぴったり！ 竜馬も食べた！

1着 レディース各種
オシャレ袴
はいからさん向けお買い得商品 1割引き

かぶるだけで紳士になれる
シルクハット
英国直送商品 2割引きセール

幕末にスーパーがあった場合のセールのチラシ。4日は店頭で御用改めイベントがあるのでお早めに！

幕末・維新の勉強コーナー

舶来の新商品が続々登場する「文明開化」セール

あんぱん

みんな大好き「あんぱん」は明治時代に誕生しました。明治７年に、銀座のパン店「木村屋」の創業者・木村安兵衛と英三郎の父子が考案したものとされています。木村安兵衛はもともと武士として生計を立てていましたが、明治維新で武士の職を失います。その後、パンの製法を知っている料理人と出会いパン屋を開店。米と麹で生地を発酵させる「酒種あんぱん」を創製し人気を博しました。しかし、**武士からパン屋への転職**とは、ものすごい転身です。

人力車

客を乗せて人力で引っ張る２輪車。力車とも呼ばれます。明治２年に和泉要助・高山幸助・鈴木徳次郎らが西洋の馬車の形からヒントを得て考案したもの。試運転を経て、明治３年に「新造車」として開業を出願したとされています。1873年頃までに大流行し全国に広まり、最盛期には３万4200台の人力車が普及したと記録されています。**人力車で渋滞しそうなレベル。**乗用自動車の普及に伴い衰退したものの、観光地ではたまに見かけますね（よく声をかけられる）。

豆コラム

懐かしの味・タピオカ

あんぱんが新感覚スイーツだった時代があることを考えると、現代のスイーツもいずれあんぱんと同じようにお馴染みの食べ物になっていく可能性もあるわけです。一昔まえのティラミスやナタデココがじわっと生き残っているように、たとえば最近のタピオカミルクティーなんかも、100年後にはおじいちゃんおばあちゃんの安心の甘味になっているのかも。やや喉につまりやすそうですが。

緒方洪庵のおくすりパッケージ

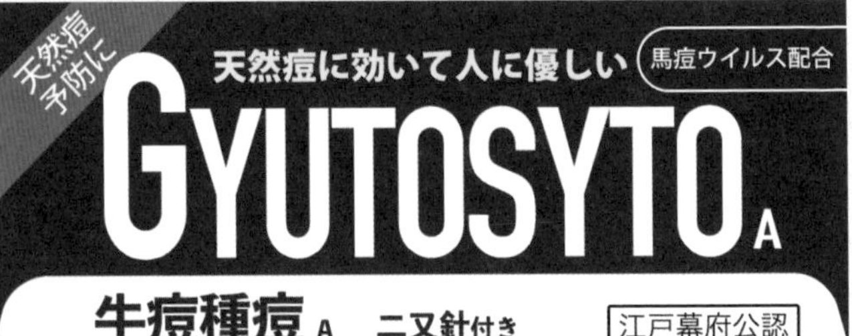

牛痘種痘A 天然痘予防に効く緒方洪庵のお薬 幕府番号1858

【特徴】江戸幕府公認の治療施設「除痘館」がしっかりつくった天然痘予防に最適の人に優しい、安心の予防接種です。

■効能 1)天然痘予防 2)健康 3長生き
■成分 輸入品(出島〜京都経由)・オランダ産痘苗
※牛になる成分は含まれておりません。
牛痘による予防接種で牛になるといった迷信については事実ではありませんのでご注意ください。

製造販売元 **種痘治療除痘館** JYOTO -KAN Co., Ltd.
製造販売責任: 緒方洪庵

江

江戸時代のドラッグストアに置いてある、蘭学者・緒方洪庵先生印のお薬パッケージ。店頭ポップもあります。

幕末・維新の勉強コーナー

天然痘予防に貢献したスーパードクターO「緒方洪庵」

緒方洪庵

江戸時代の蘭学者・医学者。大坂・江戸・長崎などで学び、29歳のときに大坂にもどって開業。適塾を開いて後進の教育にあたりました。適塾は、医学だけでなくオランダ語学習にも積極的だったため、全国から西洋の最新情報や兵学を学ぼうと人が集まり、大村益次郎、福沢諭吉などの優秀な人材を輩出しました。また大坂に種痘を行う拠点「除痘館」を設けて、天然痘の予防にも貢献しています。**日本の近代医学の祖。ありがたや〜。**

種痘法

英国の医師・ジェンナーが、牛痘にかかった人たちは天然痘にはかからないということから研究を進めて、1796年に発明した予防接種法。日本でも緒方洪庵らによって広められていきますが、「牛になる」といった迷信もあり、無料接種など工夫を重ねながら普及していきました。**モ〜、大変！　みたいなギャグ**が院内で流行りそう。

豆コラム

洪庵先生に静かに諭されたい

洪庵先生は非常に温厚で、怒ったときも静かに笑顔で諭したそうです。そういうタイプが一番怖い気もしますが「怒られると病院に行きたくなくなりがち」という不摂生な人あるあるを考えると、流石は近代医学の祖というコミュニケーション術。私自身も怒らないお医者さんが好きなので、そういう人を洪庵スタイルと呼んでいきたいと思います。

八木邸の宿泊予約サイト

20:53

yado.travel.edoten.co.old

Edoten Travel

浪士登録 上洛 メニュー

京都 〉洛西 〉壬生村

ロイヤルガーデン八木邸

★★★★☆ 4.2 浪士さまの声(2,985件)

大人13名 / 1095泊の料金
合計 料金未定
(料金については当主とご相談ください)

予約
残り5部屋です!

【上洛警護・宿所プラン】洛西・壬生村の好立地でゆったり不逞浪士の取り締まり・市中警備プラン

※写真はイメージの場合がございます。

京都・洛西は壬生村の高台にあるモダンな邸宅です。水が豊かな壬生の地に建つ当邸宅は、宿所利用のほか不逞浪士の取り締まり、市中警備などの際の屯所としても最適な施設です。

■主な施設・サービス
宿所、庭(稽古可)、表札掲出サービスあり、近隣の邸宅紹介サービス可、延泊可

■ご注意
粛清行為、刀傷を残す行為などはご遠慮ください。

新選組が屯所にした八木邸が宿泊サイトで予約できたら。京都でぶらりと不逞浪士を取り締まる方はぜひ。

幕末・維新の勉強コーナー

新選組御一行が投宿した京都のお宿「八木邸」

八木邸

京都壬生村にある八木家の邸宅。文久３年、浪士組が上洛した際に、壬生村会所や寺、郷士宅などに分宿した際に、近藤勇や土方歳三など試衛館一門や、芹沢鴨、新見錦などが投宿したのが八木邸です。その後、浪士組は江戸に引き上げますが、近藤・芹沢ら13名はそのまま八木邸に残り、後に新選組の壬生屯所として使われました。しかし、自分の家にいきなり**新選組がやってきて「泊まります」と言われたらリアルに嫌**だと思います。粛清は外でお願いしたい。

浪士組

尊王攘夷論者・清河八郎の発案で、文久３年に将軍・徳川家茂の上洛警護のために作られた組織。壬生浪士、新選組、新徴組の前身となった組織です。上洛後、清河が尊攘派と密かに連携したため、幕府は東帰を命令。清河らは近藤らと別れて江戸に戻り、横浜外国人居留地の焼打ち準備を進めていましたが、麻布一の橋で見廻組の佐々木只三郎らに暗殺されました。**毎日日記をつけていたというマメな一面**を持った人物。

豆コラム

そうだ 京都、（浪士と）行こう

上洛を「京都への旅行」と考えると楽しげですが、一緒に行くメンバーが芹沢鴨とか土方歳三と考えるとやっぱり落ち着きません。まあ目的が目的ですし、油断したら斬られそうですし。たとえばそれが修学旅行だったとしても、このメンツ相手に枕投げをなんかをやったとしたら、やっぱり気を遣って枕を明後日の方向に投げてしまいそう。それはそれで士道不覚悟！　とか言われそうですが。

長州(正社員・派遣) 百 町 中 足 藩

奇兵隊スタッフ募集

①四境戦争スタッフ(第二次メンバー)

仕事▶長州にて幕府軍との戦闘参加業務。少ないスタッフで多くの幕府軍と戦えるやりがいのある仕事です。

②戊辰戦争スタッフ

仕事▶鳥羽・伏見など担当地域での戦闘業務。勤務地は、会津・五稜郭などに割り振られる場合がございます。

【共通項目】

資格▶百姓・町人・中間・足軽・藩士ほか
※身分による制限は基本的にはありません。

時間▶9:30〜18:00 ※戦時中は残業あり

待遇▶藩から各種武器の支給、庶民出身者への苗字・帯刀許可、藩士の方は編成時に優遇
※怪我・死亡については一切保障いたしません。

まずはご連絡ください。委細面談にて(身分不問) 担当・高杉

KI-HEY-TAI 奇兵隊 山口下関阿弥陀寺町 奇兵隊本拠地

奇兵隊では一緒に戦う仲間を募集しております。幅広い身分の方に働いていただけるアットホームな職場です！

幕末・維新の勉強コーナー

高杉晋作が作り上げた軍隊「奇兵隊」

高杉晋作

長州藩士で尊皇派の志士。長州藩における討幕派の中心人物です。19歳のとき松下村塾に入り教育を受けます。上海への密航などを経て尊王攘夷運動を推進。8月18日の政変で長州藩が失脚、長州征伐に敗れたあとは蟄居させられますが、その後再び起用され活躍します。下関戦争の際には、連合国との交渉の場で通訳越しに**「古事記を暗唱していろいろ有耶無耶にする」**という豪快すぎる交渉術を見せています（諸説あり）。

奇兵隊

高杉晋作らが文久3年に創設した軍隊。**「奇兵」とは正規軍でないという意味**で、百姓・町人・中間・足軽など身分を問わず実力主義で入隊させた軍です。訓練については高杉らが学んだ松下村塾・吉田松陰の「西洋歩兵論」から影響を受けた近代的なものだったとされています。まず名前が格好いいですよね。

豆コラム

倒幕するとインセンティブ付与

身分を問わず募られた奇兵隊ですが、その分、実力主義ですので入ったあとの苦労も多そう。徴兵ではなく有志で募られているので、全員モチベーションや意識も高そうで、ギラギラしている系のノリで慄きそうです。戦果が営業成績風に壁に貼り出されて、「○○君、今月は成績がいいね～」というやりとりが日々されていたのかもしれないですね。嫌だな。

EDOO! JAPAN 知恵袋

新選組の知恵袋

知恵袋トップ > 相談・悩み > 組織

【急募】新選組から脱退する方法をご存じでしょうか？教えてください。

質問者

ShinsenTaishi さん

京で新選組という組織に入っているものですが、隊のルールや業務が厳しすぎるので脱退を考えています。

入隊前は、なにかを成し遂げてやろう！と期待に胸を膨らませていたのですが、実際に入隊してみると、上下関係なども厳しく、いつも木刀の素振りなどの鍛錬ばかりです。また業務も御用改めと称して、宿などに押し入り長州藩・土佐藩などの尊王攘夷派志士を斬ったりするような危険な内容ばかりです。※実際、先日は怪我もしました。

うまく脱退する方法があればどなたか教えてください。

補足

局中法度というルールがあって、局を抜けるともれなく切腹を申し付けられるようです。

ベストアンサーに選ばれた回答

甲子太郎 さん

今はどうかわかりませんが「薩摩や長州の動向を調査するため」といった理由であれば、脱退が認められる場合もあるようですよ。

質問した人からのコメント

ありがとうございます！局長に話してみます！

その他の回答

土方歳三 さん

抜けたら切腹。以上。

新選組の隊員が知恵袋的なページで脱退の相談をしていたら。土方歳三さんのシンプルな一言回答が怖いです。

幕末・維新の勉強コーナー 

幕末を駆けたガチンコ武装組織「新選組」

新選組

幕末、京都守護職である会津藩主・松平容保の下に治安維持活動を担い、特に尊攘派志士の弾圧を行った武力集団。浪士組から京都に残った近藤・芹沢らのメンバーにより再組織され、粛清などをくり返しながら活動。近藤勇が局長、土方歳三が副長を務めました。池田屋事件などが有名です。隊は、鳥羽・伏見の戦いに敗れた後、新政府軍と戦って敗走しそのまま四散しました。**新選組といえば幕末のジャニーズ**と言っても過言ではないと思います。

伊東甲子太郎

新選組の参謀。常陸国志筑出身で、江戸にでて北辰一刀流を学びます。元治元年に新選組に入隊し参謀となりますが、その後土方歳三らと対立。薩摩藩の動向探索・御陵警備任務の拝命を理由に新選組を離脱しますが、慶応３年に近藤勇によって謀殺。暗殺については、**宴会に招かれて酒を飲まされた後、七条油小路で斬られました。**伊東は最後に「奸賊ばら（卑怯な逆賊たちめ）」と叫んだとされています。最後の言葉としてのパワーが強いです。

豆コラム

お揃いの制服でレッツ御用改め

新選組と言えば、浅葱色のダンダラ模様の羽織が有名ですが、実際にあれを「これ制服、明日からこれ着て京都の町を警備してね」と渡されたらリアクションに困りそうです。これ着るの？　的に。ただ着たら着たで「あ、意外と悪くないかも」から「結構好きかもしんない」「京都を守るにはこれしかない！」みたいに変わっていくのかもしれないです。要は慣れですね。

新選組の給与明細書

新選組給料支払明細書

（元治 年 6 月 分 ）

永倉 新八 殿

（単位は銭一文）

勤労日数	自 6 月 1 日 至 6 月 30 日	日
見回り時間	160 時 2	分
御用改め時間	6 時 12	分

支給額	基本給	2	2	0	0	0	0	文
	役職手当	1	0	0	0	0	0	文
	御用改め手当			8	0	0	0	文
	首級手当		1	2	0	0	0	文
	師範手当			4	0	0	0	文
	食客手当			4	0	0	0	文
	見回り手当				2	5	0	文
								文
	突撃報酬			2	5	0	0	文
	合計	3	5	0	7	5	0	文
控除額	局中法度保険	1	5	0	0	0	0	文
	粛清保険		1	4	0	0	0	文
	隠居保険			8	0	0	0	文
	隠居年金			4	0	0	0	文
	幕府保険		1	2	0	0	0	文
	切腹保険		3	0	0	4	0	文
	隊士税		2	2	0	0	0	文
	八木邸税		1	2	0	0	0	文
								文
	合計	2	5	2	0	4	0	文
差引支給額			9	8	7	1	0	

（事業所名） オフィス新選組

係印

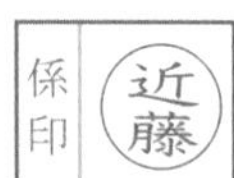

新選組の隊士が毎月もらっている給料の明細書。今月は御用改め、めっちゃ頑張ったなー。

 幕末・維新の勉強コーナー 

厳しすぎて粛清されがちルール「局中法度」

永倉新八

新選組・２番隊組長。松前藩に生まれ神道無念流に入門して腕を磨きます。脱藩して江戸などで剣術修行を続けたあと、近藤勇らの天然理心流「試衛館」の食客となります。新選組入隊後は、組長のほか撃剣師範も務め中核メンバーとして活躍。池田屋事件では**負傷するも刀が折れるまで戦った**と言われています。明治維新後は剣道などを教えて過ごし、晩年映画館の入り口でガラの悪い者に絡まれた際には、一喝して退散させたという逸話も。

局中法度

新選組の隊内で定められた規定。非常に厳格に運用され、違反した隊員は粛清されています。「無断で金策をしてはならない」といった具体的な項目だけでなく「武士道に背く行為をしてはならない」といった、**どうとでも解釈できちゃいそうな怖いルールもあったりします**（実際、局長らの一存だったと言われています）。

豆コラム

士道不覚悟は一発免停

鉄の掟・局中法度。厳しいだけに「ついうっかり破っちゃった」という隊士もいたのかもしれません。そういう人にもチャンスを与えるために、運転免許証のように減点性にするのはどうでしょう。軽微な違反は -1 点とかで、定期的に講習を受けて減点もリセットですね。脱退は流石に一発粛清ですが。啓蒙映像に出てくるのはやっぱり山南さんですかね。

新選組オフィスの壁掛けボード

新選組行動予定表

元治元年 6月 5日金曜日

氏　名	行　先	帰隊時間	備　考
近藤勇	御用改め(池田屋)	亥の刻	
永倉新八	同上		
藤堂平助	同上		
沖田総司	同上		体調が悪いので早退するかもしれません(沖田)
土方歳三	御用改め(池田屋第二陣)	子の刻	
井上(源)	同上		
斎藤一	同上		
原田左之助	同上		
山南敬助	屯所守備	終日	
尾関雅次郎	屯所守備	終日	
芹沢鴨	粛清済み		

その他・全体連絡

・羽織の繕い希望者は池田屋御用改め前日までに連絡(土方)

・今月は局中法度をやぶる隊士が増えています。
気を引き締めていきましょう!(近藤)

※戦闘の際は怪我の無いよう注意しましょう。局中法度を守るよう常に意識しましょう。

京都警護 新選組

新選組オフィスの壁に掛けられている行動予定表。今日はみんな池田屋から直帰の日か。

幕末・維新の勉強コーナー

新選組が名を馳せた一大バトル「池田屋事件」

池田屋事件

元治元年に、京都三条の**池田屋で新選組が尊攘派志士を襲撃した事件**です。肥後の宮部鼎蔵、長州の吉田稔麿、土佐の北添佶麿ら約30名の尊攘派志士が、謀議のため池田屋に集まっていたところを新選組の市中警備に察知され、近藤勇ら約30名の隊士によって襲撃されました。この事件によって宮部、吉田ら9名が斬り殺され、二十数名が捕らえらており、新選組は一躍名を知られるようになりました。宿からしたら迷惑千万な出来事。

藤堂平助

江戸出身の新選組隊士。八番隊組長。池田屋事件では最初に切り込んだメンバーの一人で、その活躍を評価され20両の褒賞金を受けています。慶応3年に伊東甲子太郎とともに新選組を脱退して、御陵衛士となります。しかし七条油小路で伊東が誅殺されたあと、伊東の亡骸を引き取りに出かけた際に、新選組に襲われて討死。永倉新八の遺稿『同志連名記』によると、「**伊勢津藩主・藤堂高猷の落胤だった**」というドラマチックな記述もありますが、定かではないそう。

豆コラム

結局じゃんけんで決まる突撃順

池田屋事件で最初に踏み込んだのは近藤・沖田・永倉・藤堂の４名ですが、何番目くらいに飛び込むかは非常に悩ましい気がします。最初に飛び込むと、やっぱり斬られる可能性が高そうですし、最後に入るのも「あいつなんなん？」的に弱腰に思われそうで嫌ですし。やっぱり先頭を狙う姿勢は見せつつ２番目狙いの結果３番目、くらいが一番生き残れそうな気がします。

御用改めの不在票

誠

御用改めご不在連絡票

Goyo Aratame Notice

姓 桂　名 小五郎　様

☑お伺いしましたがご不在でした。
□お伺いしましたが察知されたので再訪いたします。

通りコード　3JYO　町コード KIYAMACHI

(ご連絡欄)
池田屋での会合に合わせてお伺いました。

お伺いの内容は、
御用改め
です。

藩・派
☑長州藩　□土佐藩　□肥後藩　□薩摩藩　□その他
□鎖国　□開国　□攘夷　□尊皇　□佐幕

再改め日
□本日午後　□本日夜　□明日　□明後日　□明々後日
☑日時指定（元治元年6月5日　）
※御用改めの際はかならずご在宅くださるようお願いいたします。

お迎えにあがったのは、私、　所属組
沖田　総司　です。　一番隊 組長

あんしん **治安維持サービス** 無料
所司代・町奉行に代わって街の治安維持を代行いたします。
会津藩公認の専門スタッフが丁寧に対応いたします。
お得！ 資金は弊組で商家などから取り立てて工面いたします。

らくらく **「粛清」代行派遣サービス** 無料
規律を破った人物等の粛清を代行いたします。天然理心流、北辰一刀流などの師範クラスが、迅速に対応いたします。
※お申込いただいた方にも局中法度をお守りいただきます。

会津藩預かり・京都警護組織「新選組」
SHINSEN GROUP CO..LTD.

新選組が御用改めに訪れたけど誰もいなかったときに置いていく紙。お戻り次第ご確認ください。桂さん、いなくてよかったね。

幕末･維新の勉強コーナー

不逞浪士が震えあがる新選組の「御用改め」

御用改め

「御用」は召捕りの役人などが官命で犯人を捕らえること。また、そのときのかけ声の意味でも使います。「御用だ、御用だ、神妙にしろ！」というような使い方ですね。「改め」は取り調べること・吟味、という意味です。その２つが組み合わさって「御用改め」。今風にいうと家宅捜索ですね。時代劇などでは新選組が市中捜査で乗り込むときなどに使われている印象があります。実際、池田屋突入の際も「御用改めである！」と叫んで、**うっかり明かりを消されたという話も。**

斎藤一

江戸出身の新選組隊士。三番隊の組長を務めた人物。池田屋事件などでも活躍し、また隊内の粛清にも多く関わった人物と言われています。沖田総司、永倉新八と並ぶ最強の剣士と評されています。近藤勇の処刑後、新選組を率いて会津戦争に参加。激動の時代を生き残り、明治に入ってからは**警視庁に採用され、警部補となり活躍した**そう。「元新選組の警官」というのを想像すると、めちゃくちゃ迫力がありますね。

豆コラム

マナーを守ろう！　不逞浪士探し

御用改めである！　と怒鳴り気味に言いながら、不逞浪士が潜むかもしれない家屋に踏み込む、というのはなかなかハードルが高い気がします。不逞浪士が潜んでいたら怖いですし、不逞浪士が潜んでいなかったらそれはそれで失礼ですし。なので「すいませんちょっと良いですか？」くらいから入っていきたいですね。様子をうかがいながら御用改め。職務質問っぽいですが。そこの浪士のお兄さん、ちょっといいかな。

沖田総司のツイッター

23:50

ツイート

やまさん(某警護組織 元所属)
@san-nan-san-ura

11月くらいに尊王攘夷論者で学識がお高～い人が入隊されて以来、いまひとつ隊に居場所がない状態でした…。

ということで、先日思い切って「江戸へ行く」っていう置き手紙を残して行方をくらませたったｗｗｗ 気持ち、晴れやかです！

22:08 元治2年/2/18・Edotter Web App

3件のリツイート **20**件のあっぱれ

沖田総司 (新選組 一番隊組長) @okita-・1時間前
返信先: @san-nan-san-ura

山南さんですよね？新選組の局中法度はもちろんご存じですよね。「局ヲ脱スルヲ不許」です。DMするのですぐにフォローしてください。

ながくら★しんぱち @nagakura-new-8・1時間前
返信先: @san-nan-san-ura

捕縛されてもまた脱走しちゃえば？？

返信をツイート

エゴサや検索力にも定評のある沖田氏。山南さんの裏垢を特定して、さくっと粛清リプライを飛ばしてきます。

幕末・維新の勉強コーナー

イケメン？　新選組の天才剣士「沖田総司」

沖田総司（おきたそうじ）

新選組の一番隊組長。近藤周助（こんどうしゅうすけ）（近藤勇の養父）の内弟子（うちでし）となって、天然理心流（てんねんりしんりゅう）を学びます。若くして天然理心流免許皆伝を受けるなど剣に優れ、のちに塾頭（じゅくとう）となります。近藤らと行動をともにして上洛（じょうらく）。池田屋事件などで活躍しますが、持病の肺結核（はいけっかく）が悪化し死去。美男子のイメージは司馬遼太郎（しばりょうたろう）作品による影響が大きいとされていますが、**実際にはヒラメみたいな顔、肩が張り上がった長身、猫背だったそう。**猫背は良いだろう、猫背は。

山南敬助（やまなみけいすけ）

新選組隊士。江戸に出て千葉周作（ちばしゅうさく）の門人（もんじん）となり腕を磨きます。試衛館（しえいかん）に立ち寄った際、近藤勇に他流試合を挑んで敗れたことで、試衛館に入門したと言われています。新選組では近藤らとの意見の相違から隊内での立場を失い脱走。**山南を兄のように慕（した）っていた沖田総司によって連れ戻され切腹**しました（介錯人（かいしゃくにん）も沖田）。悲ぴっぴ。

豆コラム

猫派の一番隊組長

肺結核で亡くなったと言われる沖田総司。天才剣士として名を馳せた腕前も病に臥（ふ）してからは衰え、庭にやってくる黒猫を斬ろうとして斬れずに嘆いたとされています。でもこれ「沖田総司がすごく猫が好きだった」という可能性もあるのではないでしょうか。斬れないじゃなくて斬れなかっただけ＆猫派、という説。私が唱えているだけですが。

第3章

薩長同盟へ

明治SNS
維新の狼煙

1864年	池田屋事件
	禁門の変
	第一次長州征討
1865年	第二次長州征討 宣言
1866年	薩長同盟
	長州再征中止
1867年	大政奉還
	王政復古の大号令
1868年	江戸城の無血開城

桂小五郎のLINE

17:18

トーク

志士を検索

【勅命】朝敵である長州藩を征伐するための諸藩メンバーを積極採用中！
AD・詳細は徳川慶勝まで

大村　益次郎　昨日
但馬の出石に潜伏してるんですね、承知です。また落ち着いたらご飯でもー。　1

幾松(いくまつ)　昨日
いつも握り飯を美味しそうに食べてくださるので嬉しいですよ～。

蛤御門の変 現場グループ(122)　8/20
お疲れさまです、桂です。蛤御門のほうは大変ですね。鷹司邸が炎上したので脱出してそのまま潜伏…

Genzui KUSAKA　8/20
鷹司邸で諸々対応してます。入江九一には逃げるよう連絡済み。桂さんも気をつけて。

FUMINEWS

FUMI NEWS　8/20
京都蛤御門で長州・会津が衝突か、長州藩邸付近から出火も - FUMI NEWS ダイジェスト 朝刊

【6/5開催】池田屋 飲み会 (32)　6/5
皆さん揃っています。桂さん待ちですが、先に飲んでますねー。(それにしても濃いメンツw)　8

高杉晋作　6/1
高杉晋作さんが、野山獄の投獄辛かったスタンプを送りました。　1

練兵館・公式アカウント　5/23
【いまだけ！】いまなら入門するだけで剣術修行無料クーポンを配布中！詳しくは以下のURLからア…

ホーム　トーク 10　タイムライン　かわら版　銭PAY

桂小五郎がLINEでこっそり倒幕活動をしていたら。蛤御門の変のあとくらいなので、桂さんが潜伏していた時期ですね。

幕末・維新の勉強コーナー

ミスター逃げ上手、維新の三傑の一人「桂小五郎」

桂小五郎

長州藩出身。後に木戸孝允と名乗ります。嘉永2年、吉田松陰の松下村塾に入門し、その後江戸で砲術、造船術などを学びます。尊王攘夷運動に奔走し、西郷隆盛と薩長同盟を結び倒幕へと導きました。明治維新後は、五箇条の御誓文の起草、廃藩置県などに尽力。追っ手が来るとすぐ逃げる「逃げの小五郎」のあだ名があり、**便所に行くふりをしながら逃げ出す**という、2次会を上手く回避する人のようなテクニックで追っ手から逃げた逸話も。

禁門の変

蛤御門の変ともいいます。長州藩は、松平容保の率いる薩摩・会津連合軍と交戦するも蛤御門の激戦で完敗、敗走しています。ちなみに「蛤御門」の俗称は、御所で火災が起きた際、**滅多に開くことのなかった門がこのときだけは開き**、それをハマグリにたとえたことから。パカっとね。

豆コラム

でも性格もいい桂さん

「逃げの小五郎」とあだ名されていますが、江戸の三大道場のひとつ・練兵館では頭角を現し、免許皆伝を得て塾頭となっている桂小五郎。近藤勇からもその腕前を評価されていたりします。腰抜けっぽく思われているのに実は強い、というマンガのキャラ設定的な桂小五郎。さらにイケメンとしても名高かったりするので、なんとなくヒガみたくなる存在です。すぐ逃げるくせに！

グラバー商会の駅の看板広告

武器・艦船輸入販売

グラバー商会

各種武器　日本茶輸出　船舶工場　蒸気機関車

討幕派藩、佐幕派藩、幕府など勢力に拘らず
誰でも大歓迎！代表トーマス・グラバーが
カウンセリングして武器販売をいたします。

代表　トーマス・グラバー

営業時間	月	火	水	木	金	土	日
09:00～12:00	○	○	-	○	○	○	-
13:00～18:00	○	○	-	○	○	-	-

▶▶長崎南山手町グラバー邸が目印

ご　注　意

駅内では駅長の許可なく物品の販売、倒幕運動、
御用改めなどの活動を行うことは禁止されていま

グラバー商会の最寄り駅にでている駅看板。土曜は午前中だけで混雑するので、大砲の注文はお早めにどうぞ！

幕末・維新の勉強コーナー

騒乱の中で武器をさばいた「グラバー商会」

トーマス・グラバー

幕末・明治にかけて活躍したイギリス商人。安政６年、長崎に来日し、その後グラバー商会を設立。薩摩藩や長州藩との関係を深め、武器や船舶などの輸入販売などで会社を発展させていきます。8月18日の政変で、国内が政治的混乱に陥る中、討幕派、佐幕派、幕府問わず武器や弾薬などをもりもり販売。**商魂たくましすぎる活動**をくりひろげます。坂本龍馬の亀山社中とも取引を行っていたりします。グラバーが住んでいた邸宅は、日本最古の木造洋風建築として現在も長崎に残っています。

グラバー商会

グラバーが設立したグラバー商会は当初、日本茶の加工輸出を行っていましたが、武器や艦船の輸入へと業務を拡大していきます。しかし明治維新後は武器が売れなくなり、グラバー商会は倒産してしまいます。そこでグラバーが次に目をつけたのが「ビール」。海外で飲まれていたビールが日本でもウケると考え、ビール会社の設立に参画。これが後に「きりん麦酒」（キリンビール）につながっていくわけです。**風呂上がりの美味しいビールはグラバーさんのおかげ。**

豆コラム

子どもにはアメをあげるグラバーさん

軍艦なども販売していたグラバー商会。現代のように車のショールームや自動車販売店のようなところで販売されていたのだとすると楽しそうです。店舗を訪れるとグラバー自ら接客してくれて（飲み物はもちろん日本茶）、いまならオプションで大砲を２門お付けできるのでお得ですよ！みたいなことを言われそうです。帰りにグラバー商会印のティッシュも貰えそうですし。当然、子ども用のお土産も用意しています。

幕末のショッピングモール

BAKUMATSU MALL
幕末モール 浦賀店

フロアガイド
FLOOR GUIDE

ショップリスト

各店舗の営業時間は鎖国・開国状況等で変更される場合がございます。

Ⓑ幕府御用達店舗

Weapons,Armor 武器・防具

大砲のグラバー(大砲・火薬)	1F-04	Ⓑ
KIYONDO(刀・刀鍛冶)	1F-09	Ⓑ
無印山砲(洋式野戦砲)	1F-01	Ⓑ
ぴすとーる市場(拳銃)	1F-04	

Import インポート用品

S&L(蒸気機関車)	2F-01	Ⓑ
傘COINS(こうもり傘)	2F-03	Ⓑ
YOUQLO(洋服)	3F-09	
阿蘭陀ランセル(ランドセル)	2F-04	Ⓑ

DIY,Castle DIY・城

築城ハンズ(城・築城)	2F-02	Ⓑ
生糸のとみおか(製糸)	2F-04	Ⓑ
レンガほんぽ(煉瓦用品)	2F-06	Ⓑ
東京ガス灯(ガス灯・照明)	3F-01	Ⓑ

Food フード

牛鍋ゼリア(牛鍋)	3F-06	Ⓑ
ミルキーバックス(牛乳)	3F-03	
ミスターあんぱん(アンパン)	3F-04	Ⓑ
洋食処・文明開化(フードコート)	1F-03	

Service 幕末全般・サービス

ざんぎりカットハウス(散髪)	4F-02	Ⓐ
ふこくきょうへいの窓口(保険)	4F-01	
松下村塾(塾)	4F-03	
SoftBakufu(江戸幕府)	4F-05	Ⓐ

? 幕末モール 浦賀店 サービスカウンター 1F

お取り扱い商品

●黒船ギフトカード ●各種プリペイドカード ●レンタル馬車

各種サービス

●廃刀承り ●マイ人力車サービス ●グレゴリオ暦計算サービス ●クラーク博士のコンシェルジュ窓口 ●電信サービス

幕末にショッピングモールがあった場合のショップリストが載っている冊子。
廃刀、電信はサービスカウンターまで。

 幕末・維新の勉強コーナー 

山砲にランドセル、和洋折衷の文明開化モール

四斤山砲（よんきんさんぽう）

幕末から明治にかけて主力の野戦砲として使用された武器です。「四斤」というのは、砲弾の重量が４キログラムであることを意味します（スイカのM玉くらいの重さ）。「山砲」は山地での使用を想定して、車輪などのパーツを分解・運搬（うんぱん）しやすいように設計した火砲のことです。**幕末の日本では「ナポレオン砲」とも呼ばれたり**しています。薩摩藩では、砲身を長くのばした「長四斤山砲」という改良型の四斤山砲も開発しています。ズドーン。

ランドセル・こうもり傘

明治期に日本に入ってきたランドセルとこうもり傘。ランドセルはオランダ語の「ransel（背のう）」が転化した言葉で、洋式軍制導入の際に呼称として用いられました。学習院の生徒が、徒歩通学の際に学用品や弁当を持ち運ぶために使ったのが、学校での使用例の最初と言われています。こうもり傘のほうは、当時の西洋傘全般をそう呼び、「文明開化の商品」として男性が持ったそう。その後、女性にも持たれるようになり、日傘など様々な進化を遂げました。**意外と身近な文明開化品。**

豆コラム

呼び出しベルで志士がいく

幕末のショッピングモールがあったら、フードコートも楽しそうです。牛鍋屋はもちろん、蕎麦屋（そばや）だったりうどん屋だったりの和食系、ビーフカレーやエビフライなんかの文明開化の洋食系もありそうですし、意外と現代のフードコートと変わらないラインナップになりそうな気も。座席がすべて畳（たたみ）だとすると、スーパー銭湯のお食事処感もありますが。

新選組のお客様カード

新選組 お客様の声カード

いつもありがとうございます。お客様が新選組に感じられたこと、お叱りの言葉、お褒めの言葉、ご要望など、どんなことでも結構ですので、お気軽にお書きください。

●ご意見の種類

□隊について □隊員について ☑御用改め・粛清について □その他

●ご意見の内容

当方、旅館を営んでいるのですが、夜中などに突然、御用改めと称して来訪するのは控えてほしいです。
お客様にも迷惑ですし、尊皇攘夷派を匿っているのでは?と噂が立ちかねません。事前に連絡の上、日中などの時間に御用改めに来てほしい。(池田屋)

●新選組 回答欄

ご意見ありがとうございます。
御用改め業務の性質上、事前のアナウンスや時間のご指定を承れない場合が多くなっております。御用改め先、並びに近隣にご迷惑にならないよう、速やかに御用改めを実施しますよう、隊員一同に徹底いたします。(近藤)

新選組 お客様の声カード

いつもありがとうございます。お客様が新選組に感じられたこと、お叱りの言葉、お褒めの言葉、ご要望など、どんなことでも結構ですので、お気軽にお書きください。

●ご意見の種類

□隊について □隊員について ☑御用改め・粛清について □その他

●ご意見の内容

隊の風紀を守るためというのはわかるが、指導が行き過ぎているように思える場面を見かける。
若いメンバーも多いように思うので、ある程度の脱せきも仕方ないのでは?粛清はいささかやりすぎではないか。
(芹沢村のK)

●新選組 回答欄

ご意見ありがとうございます。
新選組では、京の皆様の安心・安全をお守りするため、局中法度などの業務ガイドラインを設けております。
指導内容につきましては、隊員とコミュニケーションを取りながら、改善に努めてまいります。(土方)

新選組 お客様の声カード

いつもありがとうございます。お客様が新選組に感じられたこと、お叱りの言葉、お褒めの言葉、ご要望など、どんなことでも結構ですので、お気軽にお書きください。

●ご意見の種類

□隊について ☑隊員について □御用改め・粛清について □その他

●ご意見の内容

一番隊の若い隊長の方はなんて名前ですか???
この間、立ち会っているところをみたのですが、三段突きが見えないくらい速かった!ヤバい!
病弱そうなのにめちゃくちゃ強くて、ファンになりました!(まちむすめ)

●新選組 回答欄

ご意見ありがとうございます。
隊長・隊員の氏名などはお伝えできませんが、本人にもお褒めのお言葉を伝えさせていただきます。
今後とも、新選組をよろしくお願いいたします。(沖田)

新選組 お客様の声カード

いつもありがとうございます。お客様が新選組に感じられたこと、お叱りの言葉、お褒めの言葉、ご要望など、どんなことでも結構ですので、お気軽にお書きください。

●ご意見の種類

□隊について □隊員について □御用改め・粛清について ☑その他

●ご意見の内容

いろいろとご意見も寄せられているようですが新選組の方はいつもがんばって京都を守っておられて非常にありがたい思いでいっぱいです。
放火や暗殺などを身をていして防がれる姿に、あっぱれの一言です。(とくがわよしのぶ)

●新選組 回答欄

ご意見ありがとうございます。
非常に励みになるお声をいただき、新選組一同、あらためて身を引き締めて幕府をお守りする所存です。
今後とも新選組をなにとぞよろしくお願いいたします。
(近藤)

新選組へのご意見をうけたまわるカード。屯所に貼り出していますので、京都の街のみなさんからのお声をお待ちしております。

幕末・維新の勉強コーナー

粗暴で豪胆…、
でも魅力あふれる強キャラ「芹沢鴨」

芹沢鴨

幕末の水戸藩浪士で、新選組初期の局長。清河八郎の呼びかけに応じて上洛し、近藤勇らとともに京都に残り新選組を結成しました。当初・局長を務めていた芹沢ですが、京都の豪商に金品を無心するなどの粗暴な私生活や酒乱を理由に、宴会で泥酔して寝ているところを近藤らによって暗殺されています（松平容保からの秘命ともいわれています）。芹沢は**「尽忠報国（忠義を尽くして国の恩に報いる）」と記された愛用の鉄扇**を持ち歩いたとされています。キャラが濃いです。

三段突き

沖田総司が得意とした突き技。天然理心流の特徴である刀を喉元に突きつける突き技の中で、三段の突き技のこと（無明剣とも言われています）。沖田は、平正眼の構えから踏み込みの音が一度しか鳴らないのにもかかわらず、その間に３回の突きを繰り出したとも言われています。わずか12歳のときに、藩の剣術指南を試合で打ち負かしたという天才・沖田ならではの**必殺技感あふれる技**。カッコいい～。

豆コラム

画伯・芹沢鴨

時代劇などでは、粗暴で恐ろしげなキャラクターで描かれることの多い芹沢鴨ですが、ヒマなときは子どもたちに面白い絵を描いてあげるなどして好かれていたそう。意外な素顔。芹沢さんが描く「へのへのもへじ」の顔は、蛭子能収さんのようなタッチだったのか、原哲夫さんのようなタッチだったのか。いや、意外と萩尾望都さんのようなタッチだったり。

1866年 リモート薩長同盟

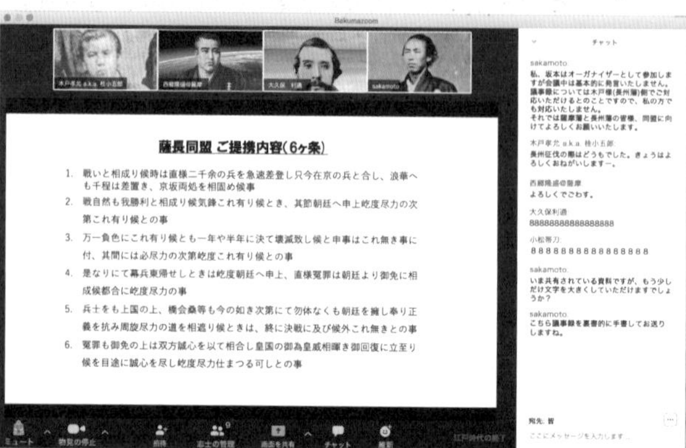

薩長同盟がリモート形式でオンライン開催されていた場合。ちょいちょい固まる小松帯刀さんが場を和ませます。

幕末・維新の勉強コーナー

幕末のビッグサプライズ「薩長同盟」

薩長同盟

討幕を目的とした薩摩藩と長州藩の軍事同盟の密約のこと。それまで反目しあってきた両藩の関係の中で、薩摩藩側での尊攘派の台頭などもあり、両藩のリーダー層が急速に接近したことで実現。坂本龍馬と中岡慎太郎の周旋で、長州・木戸孝允と薩摩・西郷隆盛、小松帯刀とが京都で会見し、6ケ条の盟約を結びました。これによって倒幕運動がさらに推し進められ、明治維新につながりました。**幕末のビッグサプライズのひとつ。**

長州征伐

幕府が2度にわたって、倒幕勢力の拠点だった長州藩を攻めた戦いのこと。第1次征長は禁門の変で敗れた長州藩に追討するもので、下関砲撃事件で打撃を受けていた長州藩が幕府に謝罪したため終了。第2次征長は、長州藩が高杉晋作らによって倒幕に傾いたことから開戦しましたが、この頃にはすでに薩長同盟が結ばれていたため幕府軍は各所で敗退。徳川家茂の死去を理由に征長は中止、幕府の権威は急速に失われました。**長州側の立場から見た場合は「四境戦争」と呼んだりもします。**

豆コラム

昨日の敵は今日のズッ友

犬猿の仲だった薩摩と長州。薩長同盟の席も半ばサプライズ的に準備されていたのかもしれません。友達に呼ばれて飲み会に行ってみたら、ツレのツレが来ていた（あんまり仲がよくない）的な。で、最初は全然相容れなかったけど、話してみたら意外と気があっていつのまにか意気投合！　いっそ倒幕しちゃおうぜ！　というような流れだったのかも。

アームストロング砲のアマゾンレビュー

Bakuzon.edo

【110ポンド】英国製アームストロング砲(ブラック・複合砲身・後装式ライフル砲)

グラバー商会 GloverPrime

★★☆☆☆ (1,868件のカスタマーレビュー)

1点在庫あり（入荷予定あり）

商品については英国軍での配備打ち切り後の配送となります。

カスタマーレビュー

レビュー対象商品: 【110ポンド】イギリス製アームストロング砲 (ブラック・複合砲身…

★★★★★ **「池を越えての砲撃に驚き！」**

上野戦争で使用しました。まずは飛距離と威力にびっくり！池越しの砲撃で使ってみたのですが「池を越えられるかな？」と思っていたら、見事に敵陣まで届きました。非常に近代的な武器で大名必携のアイテムだと思います。

by. 大村益次郎　　このレビューは参考になりましたか？ はい いいえ

★★☆☆☆ **「故障が多すぎて実戦には不向き…」**

後装砲なので発射速度も速く、サイズ感もよいので艦載砲としての使い勝手は◎。ただし垂直式鎖栓に不具合？があるのか、射撃不能になる重大レベルの故障が多すぎます。薩摩との実践で使ったときは、暴発して死傷者がでる重大事故も起きています。リスクを承知で使う必要あり。

by. 通りすがりの海軍士官　　このレビューは参考になりましたか？ はい いいえ

★☆☆☆☆ **「大口径砲に向かない構造です」**

当方、アームストロング砲の設計者です。特許を英国政府に譲渡しているため言いにくい話ではありますが、設計思想上、大口径砲に向かない構造であることは明白です。使うにしても6～12ポンドくらいの軽めの野戦砲が限度ではないでしょうか。

by. W・アームストロング　　このレビューは参考になりましたか？ はい いいえ

よく一緒に購入されている商品

【メンズモデル】エンフィールド銃(パーカッションロック式・前装式小銃)

★★★★☆

(22件のカスタマーレビュー)

幕末の最新兵器・英国製アームストロング砲のレビューがアマゾンに投稿されていたら。設計者ご本人からの投稿もあります。

幕末・維新の勉強コーナー

旧幕府軍を打倒した最新大砲「アームストロング砲」

アームストロング砲

イギリスのウィリアム・ジョージ・アームストロングが発明した大砲。強度などを高めるために、砲身の内側に鋼線を螺旋状にはめ込んだことで、射程や精度、発射速度に大きな進歩をもたらしました。薩英戦争のときに実戦投入されましたが、戦闘に参加した21門が計365発を発射したものの、**28回も発射不能になり、かつその内1門は爆発するという事故**も起こしています。危ない。アームストロング自身も大口径には向かないことは承知していたようですが。

上野戦争

慶応4年、江戸城の無血開城を不満として上野の寛永寺に立てこもって抵抗していた彰義隊を、新政府軍が壊滅させた戦い。彰義隊は3000人を超える規模でしたが、新政府軍が不忍池（いまも上野公園にある池）を越えてアームストロング砲や四斤山砲による砲撃を行うなどして攻撃。彰義隊はほぼ全滅となりました。生き残った一部は榎本武揚と旧幕府の軍艦で逃亡し、その後箱館戦争に参加しています。**お寺に大砲を撃つのはやめたほうがいい**と思います。

豆コラム

届いた箱が無駄に大きい

アマゾンで買い物をしていると、これとこれが一緒にほしいと思ったものが別々のタイミングで配送されることがあります。一度スマホと液晶カバーを買ったら液晶カバーだけかなり早く届いたことがありましたが、幕末のアマゾンでも大砲をセットで買ったら、砲弾だけ先に届いて合戦に持っていけなかった、とかになりそうですね

小松帯刀邸の不動産チラシ

ご自由に各藩の方ご来訪ください。

薩摩藩にてモデルハウス内覧会開催中

小松帯刀邸

近衛家別邸
御花畑屋敷

土地＋建物 5900㎡(同盟会議自由)

担当・小松帯刀

ぜひ日本の未来を決める相談にお使いください！

2階建て、40部屋 、庭(小川・花壇あり)、茶室完備
二本松の薩摩藩邸まで900m(徒歩 10分)の好立地!!
京都室町通鞍馬口下ル森之木町の閑静な住宅街です。

京都で活動中の諸藩の方限定、非公開物件情報です！

薩長同盟が行われた小松帯刀邸の不動産チラシ。近隣の電柱に貼り付けられているので、同盟をお考えの方はぜひ。

幕末・維新の勉強コーナー 

薩長同盟が行われた歴史的場所「小松帯刀邸」

小松帯刀

薩摩藩士。島津久光による人材登用で側役になり、その後家老に。元治元年には禁門の変に参加し、それ以降は西郷隆盛、大久保利通らと共に実質的に藩政をリードしていきます。慶応２年には、西郷と木戸孝允を京の藩邸に迎えて薩長同盟を締結させます。西郷隆盛が帯刀と出会ったとき、西郷は帯刀を試そうとわざと寝転がって待っていましたが、それを見た帯刀は**怒りもせず枕を用意するよう従者に伝えた**そうです。海溝ばりの懐の深さ。

御花畑屋敷

公家の五摂家のひとつである近衛家の別邸だった御花畑屋敷。小松帯刀の京都での仮住まい先もここにあったとされています。この場所で西郷と木戸が会して薩長同盟が結ばれました。googleマップでみると近くに「餃子の王将」もあったりするので、現代だと**餃子を食べながら同盟を結べそう**です。

豆コラム

おうちルールに戸惑う二人

友だちや知り合いの家に初めていくと、その家のスタイルやルールに戸惑うことがあります。小松帯刀邸にお呼ばれたした西郷隆盛と木戸孝允も、小松さんの家で多少の戸惑いがあったのかもしれません。たとえばトイレや洗面所などで「このタオルで手を拭いていいのかな？」「あ、トイレットペーパーを三角に折る派だ」等々。薩長同盟そっちのけ。

1867年 徳川慶喜がYouTuberだった場合の大政奉還

#徳川慶喜の将軍実況 #幕府 #幕末 #江戸時代 #15代

【幕末LIVE】江戸幕府の長期政権をいよいよ返上中！
将軍・徳川慶喜の「大政奉還」実況 #15代

1,867,119人が視聴

慶喜ちゃんねる公式
チャンネル登録者数 2.60千万人

登録済み 

チャット
上位チャット 6815 

¥2,000

10:10 中岡★慎太郎 武力倒幕論だったけどこれはスゴい

10:10 大久保利通 これは大号令をかけるしかない展開

10:10 小松 帯刀 88888888888

坂本龍馬
¥2,000
日本の夜明けぜよ〜 😄😄😄

10:09 象二郎 よかったです〜。

10:09 桂小五郎 こマ…？

10:08 西郷隆盛 これはもうやるっきゃないでごわす系

二条城で行われた大政奉還の模様をLIVE配信する慶喜。坂本龍馬の名文句を添えたスパチャが光ります。

幕末・維新の勉強コーナー

徳川幕府の時代に終わりを告げた「大政奉還」

徳川慶喜

徳川斉昭の7男で、江戸幕府の第15代将軍。将軍継嗣問題を経て、14代将軍・徳川家茂の死後、慶応2年に将軍宣下。混迷の時代の中で幕政の立て直しを図り、薩長に対抗するものの、討幕の密勅が下ると大政を奉還。鳥羽・伏見の戦いで敗北を喫し、朝廷に恭順しました。カメラや油絵など非常に多趣味だった慶喜ですが、**唯一水泳だけが苦手だったそう。**その理由が「冷たい水が苦手だった」というのもナイスです。

大政奉還

慶応3年に、江戸幕府が朝廷に政権を返上したこと。薩長同盟など倒幕への動きが進む中、土佐藩は公議政体論の立場から幕府に政権返上を勧めました。慶喜は熟考の末、二条城の二の丸御殿大広間に、重臣を集めて政権を朝廷に返す意思を伝えました。これによって**武士の時代が終わりを告げた**わけです。お疲れさまでした。

豆コラム

おすすめ動画で急に出てくる慶喜

YouTubeの古い動画のコメント欄を見ていると、ときおり「〇〇年でもこの動画を見ている人」というようなコメントを見かけますが、大政奉還のアーカイブ動画にも「明治中期になってもこの動画を見ておる人」などのコメントがついていそうです。三条実美あたりの投稿で。あと慶喜本人も「二条城、懐かしいｗｗｗ」とコメントしていそうな気も。

坂本龍馬のツイッターのプロフ欄

維新中

坂本龍馬(公式)

@sakamoto-zeyo

土佐藩出身。海援隊(旧亀山社中)で貿易関連のお仕事をしています。政治活動にも興味あり。薩長同盟プロデュース。北辰一刀流免許皆伝。語尾は「ぜよ」です。ツイートは個人の見解で、幕府や各藩の公式見解ではありませんぜよ〜。

京都　https://bit.ly/387zdZx

1,836 フォロー　**1,867** フォロワー

ツイート　ツイートと返信　メディア　いいね

坂本龍馬(公式) @sakamoto... 2秒前

日本を今一度、洗濯いたし申し候。
海援隊の採用情報は以下のURLから！
https://bit.ly/3p6ngfF

1

坂本龍馬(公式) @sakamoto-z… 1時間

きょうは中岡くんと夜ご飯食べる予定。
ちょっと寒いから、軍鶏鍋にしようかな〜。

2　114　128

坂本龍馬(公式)さんがよくないねしました

OKADA IZO @htkr-izo 3時間前

今日の暗殺、done。
きょうの現場は比較的楽な現場でした〜

5

坂本さんがツイッターをやっていた場合。海援隊に入りたい方は固定ツイートからぜひどうぞ。プロフの背景は黒船来航です。

幕末・維新の勉強コーナー

みんな大好き、幕末のカリスマ「坂本龍馬」

坂本龍馬

土佐藩出身の志士。江戸で北辰一刀流・千葉定吉道場で剣を学び、帰郷したあと土佐勤王党に参加。その後は勝海舟のもとで活動。亀山社中を設立し、倒幕のため薩長の同盟を目指して奔走し、中岡慎太郎とともに京都で薩長同盟を成立させました。さらに大政奉還を成しますが、京都の旅宿近江屋で刺客に暗殺されました。**背中の毛がモサモサ**だったということから龍馬と名付けられたとも。毛深かったのですね。

岡田以蔵

土佐高知藩の郷士。「人斬り以蔵」と呼ばれ恐れられた人物。江戸で桃井春蔵に剣を学び、その後土佐勤王党に加わっています。薩摩・田中新兵衛とともに、佐幕派の人物を天誅と称して次々に暗殺していきました。土佐勤王党弾圧で捕縛され斬首されますが**「人斬り以蔵」という異名の中二病感**は最高です。

豆コラム

土佐のインフルエンサー

坂本龍馬はツイッターの使い方が上手そうな気がします。ほどよく仕事の話とプライベートの話を織り交ぜつつ、クソリプは無視ぜよ無視ぜよ～、とか言いながら楽しくツイッターをやっていそう。たまにうっかり宿泊場所を投稿して襲われたりもしつつですが。一方でインスタをやっていたら、だいたい軍鶏鍋の画像が埋め尽くされていそうですが。

1867年

王政復古の大号令のポスター

王政復古の大号令！

慶応3年12月9日、いよいよ発令！

このたび徳川慶喜が委任されていた政権を返上し、将軍職を辞退したいという申し出を許諾しました! おのおの勉励し、従来のおごり怠けた悪習を洗い流し、忠義をつくして国に報いる誠の心をもって奉公しましょう!がんばれニッポン!★★★★★★★

☆主な内容「5つのやります宣言」☆

1. 将軍職辞職を勅許します！
2. 京都守護職・京都所司代の廃止します！
3. 幕府の廃止します！
4. 摂政・関白の廃止します！
5. 新たに総裁・議定・参与の三職を置きます！

お問い合わせ 担当 岩倉

町の掲示板に貼り出される王政復古の大号令。「やります宣言」は新政府だけでなく、国民みんなで実現しましょう！

幕末・維新の勉強コーナー

ついに幕府が廃された「王政復古の大号令」

王政復古の大号令

大政奉還の後に、長州藩・薩摩藩が中心となって出させたものです。この大号令を経て、幕府を廃止して、天皇のもとに新たな職を置いて、有力藩が協力しながら政治を行う形をとるようになりました。徳川家は政治に関わるな、ということを示したものでもあります。幕府側は、朝廷に権力を返上するまでは同意していたものの、大きく権力を奪われる形に反発、戊辰戦争へと発展していきます。慶喜も**「そこまでやるとは聞いてないよ！」**となったわけですね。

摂政・関白

「摂政」は、天皇が幼少や女帝である場合などに、天皇に代わって政務を行う職のことです。鎌倉時代に公家として頂点にあった近衛家・九条家・二条家・一条家・鷹司家の摂政・関白の家柄・五家を総称して「五摂家」と呼んだりします。一方「関白」は、成人後の天皇を補佐して、天下の政（政治）を行う職のこと。藤原基経以来、藤原氏の独占。それ以外では豊臣秀吉・秀次の二人のみが関白を務めています。**ざっくり言うと、いろいろ偉い役職なわけです。**

豆コラム

岩倉具視校長先生のお話

実際に誰かが大きな声を出したわけではないですが、「大号令」と書かれるとやはりメガホン片手に大きな声で呼びかけられたようなイメージを持ってしまいます。広い運動場のような場所で、朝礼台にのぼった岩倉具視が、拡声器を持って話す「王政復古の大号令朝礼」。はい、幕府のみんなが静かになるまで、265年かかりました。

幕末のポンジャラ

慶応四年ポンジャラ 得点表(とくてんひょう)

役	牌									得点
スーパー薩長同盟 薩長同盟の立役者を集める	坂本龍馬 1	坂本龍馬 1	坂本龍馬 1	西郷隆盛 2	西郷隆盛 2	西郷隆盛 2	木戸孝允 3	木戸孝允 3	木戸孝允 3	1000 維新
新選組トリオ 新選組の主要メンバーを集める	近藤勇 5	近藤勇 5	近藤勇 5	土方歳三 6	土方歳三 6	土方歳三 6	沖田総司 7	沖田総司 7	沖田総司 7	900 維新
近江屋ショック 軍鶏は軍鶏鍋絵柄でもOK	坂本龍馬 1	坂本龍馬 1	坂本龍馬 1	中岡慎太郎 2	中岡慎太郎 2	中岡慎太郎 2	軍鶏 3	軍鶏 3	軍鶏 3	850 維新
無血開城ミラクル 勝、西郷の代わりに犬でもOK	勝海舟 9	勝海舟 9	勝海舟 9	西郷隆盛 2	西郷隆盛 2	西郷隆盛 2	徳川慶喜 15	徳川慶喜 15	徳川慶喜 15	800 維新
粛清トリオ 粛清された隊士を集める	芹沢鴨 11	芹沢鴨 11	芹沢鴨 11	伊東甲子太郎 12	伊東甲子太郎 12	伊東甲子太郎 12	新見錦 3	新見錦 3	新見錦 3	700 維新
幕末の四賢侯 3枚集めるのはどの賢侯でもOK	松平春嶽 7	松平春嶽 7	伊達宗城 4	伊達宗城 4	山内豊信 8	山内豊信 8	島津斉彬 7	島津斉彬 7	島津斉彬 7	600 維新
王政復古セット あがる時に大号令！と言おう	岩倉具視 6	岩倉具視 6	岩倉具視 6	大久保利通 2	大久保利通 2	大久保利通 2	同色3個(フリー)	同色3個(フリー)	同色3個(フリー)	500 維新
ダブル国学者 医師絵柄があると+10維新	平田篤胤 1	平田篤胤 1	平田篤胤 1	本居宣長 4	本居宣長 4	本居宣長 4	同色3個(フリー)	同色3個(フリー)	同色3個(フリー)	350 維新
松下村塾セット 投獄絵柄があると-50維新	吉田松陰 3	吉田松陰 3	吉田松陰 3	高杉晋作 9	高杉晋作 9	高杉晋作 9	同色3個(フリー)	同色3個(フリー)	同色3個(フリー)	200 維新
黒船ペア 浦賀絵柄があると+100維新	ペリー 1	ペリー 1	ペリー 1	ハリス 2	ハリス 2	ハリス 2	同色3個(フリー)	同色3個(フリー)	同色3個(フリー)	200 維新
ザ・京都守護職 白虎隊絵柄があると+50維新	松平容保 9	松平容保 9	松平容保 9	新選組隊士3個(フリー)	新選組隊士3個(フリー)	新選組隊士3個(フリー)	同色3個(フリー)	同色3個(フリー)	同色3個(フリー)	100 維新

オールマイティ 錦の御旗 0

「錦の御旗」

好きな牌の代わりにつかえて、あがり時に官軍ボーナス100維新がつきます。

幕末の時代に麻雀風の絵合わせゲームがあったとしたら。王政復古の大号令は、あがるときの掛け声も忘れずに。

幕末・維新の勉強コーナー

大名、国学者、志士など才人溢れた幕末

幕末の四賢侯

幕末の四賢侯とは、福井藩藩主・松平春嶽、宇和島藩藩主・伊達宗城、土佐藩藩主・山内容堂、薩摩藩藩主・島津斉彬の４人の大名のことをいいます。斉彬が急死したあとも、薩摩藩の島津久光を加えて会議や会合をひらきました。それらは「四侯会議」「四賢侯会議」などと呼ばれたりしています。**ゼーレっぽいやつ。**

本居宣長

江戸の国学者で、国学四大人の一人。京都に出て医学を学ぶ一方で、『源氏物語』『古事記』などを研究。その後、賀茂真淵に師事し、古語研究を推し進めます。「てにをは」や用言の活用などの研究、「もののあはれ」を中心とする文学論など、多方面にわたって研究に努めました。国学の完成者として、後世に多大の影響を及ぼした一人。絵も嗜んでおり自画像を自筆で描いたり、**鈴コレクターで珍しい鈴を多数持っていたり**と、多趣味で多才な人。

豆コラム

俺たちの推し賢侯

四賢侯のようなグループの総称をかっこいいと感じてしまいます。日本だと五大老や七本槍、海外だと三賢者なんて言葉もありますしが、「特異な能力をもった人たちの集まり」という意味では、現代の人気アイドルグループと同じような価値観かもしれないですね。お前の推し侯だれ？　春嶽？　容堂？　いやでもやっぱり斉彬だよね〜。

1867年

船中八策のレターパック

エドーパックプラス　エドーパックプラス　エドーパックプラス　エドーパックプラス

0061867

この線より上は将軍消印を押しますので、
何も書いたり貼ったりしないでください

お届け先 **To**

おところ: Address　京都木屋町通蛸薬師 土佐藩邸

おなまえ: Name　山内 容堂（豊信）様

(元)所属藩: Han　土佐藩

ご依頼主 **From**

おところ: Address　長崎沖 夕顔丸船中

おなまえ: Name　坂本龍馬

(元)所属藩: Han　土佐藩

品名: Description　船中八策 草案一式

品名の記載がない場合、幕府による検閲が実施される場合がございます。

日本地図など幕府禁制の物品をエドーパックで送付することはできません。

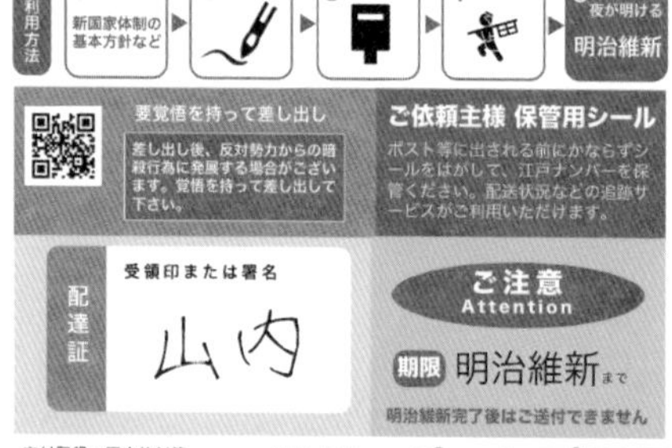

交付記録・歴史的封筒

エドーパックプラス

エドーパックプラス　エドーパックプラス　エドーパックプラス　エドーパックプラス

船の中で思いついたアイデアに、いてもたってもいられずレターパック的なもので郵送する坂本さん。明治維新までに必着で。

幕末・維新の勉強コーナー

坂本龍馬が示した新しい国家の姿「船中八策」

船中八策

慶応３年、長崎から上洛の途上にあった坂本龍馬が、船中にて後藤象二郎に示したもので、**新国家体制の基本方針を起草した**と言われています。朝廷への政権奉還、二院制議会の設置、不平等条約の改定、憲法制定、海軍の拡張、幣制改革など８ケ条からなるもので、後の大政奉還や明治政府の五箇条の御誓文となって引き継がれたと言われています。今日ではフィクションだったとされる説が有力ですが、ロマンあふれすぎる幕末逸話のひとつ。

五箇条の御誓文

慶応４年、天皇が天地の神々に誓うという形式で示された**明治新政府の基本方針**のこと。「広く会議を興し、万機公論に決すべし」「上下心を一にして、盛に経綸を行ふべし」「官武一途庶民に至る迄各其志を遂げ、人心をして倦まざらしめん事を要す」「旧来の陋習を破り、天地の公道に基くべし」「智識を世界に求め、大に皇基を振起すべし」という５ケ条からなっています。船中八策と似ている部分も多いとされています。

豆コラム

後藤くん、ちゃんと聞いてる？

船で物を書くと酔いますよね。そういう意味で船中八策は坂本龍馬よりも後藤象二郎のほうがスゴいのかもしれません。「ちょっとメモってね」と言われて突然、国家体制の大事そうな話をし始めるわけです。メモを取らないわけにもいかないですし。後藤象二郎、めっちゃ生あくびを出しながら坂本龍馬の語りをメモっていたのかも。

松平容保のインスタグラムのストーリーズ

京都守護職・松平容保がインスタにうっかり本音を投稿していたら。そろそろ会津に帰りたい時期ですね。

幕末・維新の勉強コーナー

真面目すぎる悲運の会津藩主「松平容保」

松平容保

幕末の会津藩主。京都守護職に任命され、京都の治安維持と公武合体の実現に努めた人物。元治元年に起きた禁門の変では長州藩と戦い、これを撃退。大政奉還後、徳川慶喜とともに大坂に下り、慶応４年には鳥羽・伏見の戦いに敗れて江戸に逃れました。会津戦争で討幕軍と戦いましたが最後は降伏、のちに許されて日光東照宮宮司となっています。司馬遼太郎いわく、徳川慶喜、土方歳三とともに**幕末の三大美男子だそう**。

京都守護職

江戸末期に、京都に設置された幕府の官職。朝廷・公卿の動向の監視、西国雄藩の牽制、尊攘派志士の活動に対する治安維持などを目的として設置されました。自前で運営が前提だったため、任命当時、財政が困窮していた会津藩の家臣は**「これで会津藩は滅びる」と泣いたそう**。お侍さんも大変です。

豆コラム

飛んで火にいる会津の容保

松平容保の京都守護職への就任について、西郷頼母ら家臣は「薪を背負って火を救おうとするようなもの」と反対したそうです。中国・戦国時代の書物『戦国策』にも「薪を抱きて火を救う」という言葉がありますが、炎上案件中の炎上案件という表現です。しかも会津から京都ですから、「遠くない？」とうっかり顔に出たら蟄居待ったなしです。

幕末のコンビニのプリペイドカード

城下町などでご購入いただくまでギフト券はご利用できません。

購入後、江戸時代終了までお使いいただけます。

Bakuzon.edo

ギフト券

幕末のコンビニの棚で販売されている各種プリペイドカード。殿Tunesは殿専用なので庶民の方はご注意を。

幕末・維新の勉強コーナー

日本開国の狼煙となった「東インド艦隊」

東インド艦隊

19世紀にあったアメリカ海軍の艦隊。嘉永4年に当時のアメリカ大統領フィルモアが、日本の開国ならびに通商関係を結ぶことを目的として、東インド艦隊司令官の代将ジョン・オーリックに日本へ向かう任務を与えました。しかしオーリックがサスケハナの艦長とトラブルを起こしたことで解任。その代わりとしてマシュー・ペリーが任務を引き継いで日本に来航しました。歴史の授業で覚えるのは**ペリーじゃなくてオーリックだった可能性**もあったわけですね。

征夷大将軍

元は蝦夷征伐のため編成された征討軍の総大将のことをいいます。古くは坂上田村麻呂が有名ですね。鎌倉時代以降は蝦夷征伐とは関係なく、**天下の政務を執行する武士**にこの称号が与えられました。源頼朝が征夷大将軍に任命されて鎌倉に幕府を開設してから、足利氏、徳川氏と征夷大将軍に任命されて引き継がれていきます。慶応3年の王政復古によって廃止されるまで続きました。最後の征夷大将軍はいわずとしれた徳川慶喜ですね。

豆コラム

お団子、温めてもらえますか？

幕末のコンビニ、お店に入ったときは雅楽で「ファファ～ン」という音がなりそうですし、幕府プライベートブランドの印籠とかも置いてそうで楽しそうです。お店の前には馬がつながれていて、近所のやんちゃなバラガキ（イバラのよう・乱暴な人物、土方歳三の幼少のあだ名）がたむろしてそうです。T（徳川）ポイントカードございますか？

海援隊よくあるご質問

あんしん!初めての海援隊よくあるご質問

Q. 海援隊ってなにをする会社ですか?

A. 薩摩藩から支援をうけ商社活動を行っている会社です。運輸、開拓、応援、射利、投機などを行っています。また海軍活動も行っています。

Q. 入隊に身分の制限などはありますか?

A. ありません。脱藩された浪人、軽格の武士、庄屋、町民など幅広い階層の方を受け入れております。武力行使が得意な方は姉妹組織である陸援隊への入隊も可能です。

Q. 隊長の坂本さんってどんな人ですか?

A. 土佐藩・郷士の家生まれの志士です。脱藩したあとは貿易・政治活動などを行う亀山社中(海援隊の前身組織)を結成しています。

Q. 福利厚生はどんなものがありますか?

A. 隊内で航海術や政治学、語学、火技、汽機等について学べる学習型の福利厚生があります。
※詳細は担当・中岡までお問い合わせ下さい。

Q. どんな船に乗ることができますか?

A. さまざまな船舶にお乗りいただくことができます。現在は伊予国大洲藩のいろは丸の操業などに携わることができます。

お問い合わせ: 海援隊 坂本・中岡

海援隊に初めて入隊される方は、入隊前にご一読ください。また陸援隊については、中岡までお問い合わせください。

幕末・維新の勉強コーナー

日本初の株式会社とも言われる「海援隊」

中岡慎太郎（なかおかしんたろう）

土佐（とさ）出身の志士（しし）。武市半平太（たけちはんぺいた）の土佐勤王党（とさきんのうとう）に参加して活動。その後、脱藩して討幕運動（とうばくうんどう）に奔走（ほんそう）し、坂本龍馬（さかもとりょうま）とともに薩長同盟（さっちょうどうめい）の成立に関わります。坂本龍馬は海援隊、中岡は陸援隊（りくえんたい）を組織して活動しました。大政奉還（たいせいほうかん）後に京都の近江屋（おうみや）で坂本龍馬と共に暗殺され生涯を閉じます。幕末には珍しく笑顔の肖像が残っていますが、当時の写真は撮影に数十秒を要したことを考えると、**カメラの後ろで龍馬がずっと変顔**をしていたのかもしれません。

海援隊（かいえんたい）

坂本龍馬を中心に設立され貿易結社。長崎亀山で組織され当初は「亀山社中（かめやましゃちゅう）」と称していましたが、慶応3年に龍馬が隊長となって改称。薩長両藩のために輸入や教育などを行いました。**日本初の株式会社的な組織**とも言われています。ただ運行する船（いろは丸）が沈没するなどもしているので、会社勤めも大変です。

豆コラム

沈没したら始末書提出

株式会社的な海援隊ですので、そこで働いている人は現代のサラリーマンと同じような悩みがあったのかもしれません。今日はちょっとサボりたいな～、早く帰りたいな～なんて思う日もあったのかも。「体調不良のため船室で様子をみています」的な勤怠（きんたい）連絡が飛び交う社内メーリングリスト。今期の目標は大政奉還ですので頑張っていきましょう！

坂本龍馬のクレジットカードの明細書

ご利用明細書

【４月６日分】
本明細は締切日までに当方会計にて確認できた利用分を記載しております。

ご利用カード	志士会員カード
会員コード	BKMT- 18360103

お支払日		4月6日
ご請求金額		21317文
お支払期限		4月28日 巳の刻
お指定支払口座	金融機関名	土佐やるぜよ銀行
	科目・口座	京都支店
	口座名義	ｻｶﾓﾄﾘｮｳﾏ

ご入金は余裕を持ってお願いします。幕末情勢により窓口が混乱する場合がございます。

●ご利用可能金額については、グラバー商会までお問い合わせください。
●鎖国・攘夷・開国・尊皇・佐幕などの変更については、諸藩・幕府・朝廷の各HPからご変更下さい。
●御用改め等による暗殺等のトラブルについては当社では一切保障致しかねます。

＊＊＊＊今月のご利用明細＊＊＊＊

ご利用日	ご利用明細	ご利用金額	備考
2月11日	刀のYAMADA	12000文	受注商品
	新刀「吉行」購入代金		
2月15日	軍鶏鍋EATS	47文	
	軍鶏鍋1人前セット		
2月16日	武市半平太キッチン	200文	
	皮ごと食べられる柿セット		
2月19日	軍鶏鍋EATS	47文	
	軍鶏鍋1人前セット		
2月22日	霧島トラベル	6520文	(新婚旅行パック)
	ツアー代金		
3月1日	湿板写真のキムラヤ	104文	焼き増し料金
	プリント代金		
3月1日	軍鶏鍋EATS	47文	
	軍鶏鍋1人前セット		
3月4日	海援隊ジム	34文	社割り
	利用料		
3月8日	軍鶏鍋EATS	47文	
	軍鶏鍋1人前セット		
3月9日	Bakuzon.edo	700文	
	男性用ブーツ(インポート)		
3月9日	ホテル寺田屋 宿泊代金	521文	払い戻し
3月9日	軍鶏鍋EATS	47文	
	軍鶏鍋1人前セット		
3月11日	北辰一刀流 月謝	956文	桶町千葉道場
3月12日	軍鶏鍋EATS	47文	
	軍鶏鍋1人前セット		
＊＊＊＊＊＊	＊＊＊＊＊＊＊＊＊＊＊＊＊＊＊＊＊＊＊	＊＊＊＊＊＊＊＊＊＊＊＊＊＊＊＊＊＊＊＊	＊＊＊＊＊＊＊＊
＊＊＊＊＊＊	＊＊＊＊＊＊＊＊＊＊＊＊＊＊＊＊＊＊＊	＊＊＊＊＊＊＊＊＊＊＊＊＊＊＊＊＊＊＊＊	＊＊＊＊＊＊＊＊
＊＊＊＊＊＊	＊＊＊＊＊＊＊＊＊＊＊＊＊＊＊＊＊＊＊	＊＊＊＊＊＊＊＊＊＊＊＊＊＊＊＊＊＊＊＊	＊＊＊＊＊＊＊＊

カードのご利用は計画的に。

坂本さんの家に毎月届く明細書。リボ払いで船を買ったりしていないか心配です。今月はちょっと軍鶏鍋、食べすぎたかもしれないな。

幕末·維新の勉強コーナー

軍鶏鍋食えず…坂本龍馬が散った「近江屋事件」

近江屋事件

慶応３年、大政奉還が実現し、新しい時代の幕開けが近づく中で、**坂本龍馬と中岡慎太郎が京都・近江屋で暗殺された事件**。龍馬の従僕である山田藤吉も暗殺されています。実行犯については諸説あるものの、京都見廻組によるものと考えられています。現場の近江屋は主人の井口新助が営む醤油屋で、土佐藩の御用達で上洛した龍馬の滞在先となっていました。龍馬は暗殺の直前、腹が減ったと言い出し、鹿野峰吉に軍鶏を買いに行かせています。軍鶏鍋、食べたかったでしょうねえ。

北辰一刀流

剣術の流派。千葉周作が家伝の北辰流と一刀流（中西派）から創始して、幕末に台頭しました。免許階級制や技術体系をより近代的な形にしたことで人気を博し、門人が急増したため道場を拡張・移転。**坂本龍馬や山南敬助が学んだことでも有名**です。明治以降でも、現代の剣道に技術体系や理論などで、大きな影響を与えました。剣先がゆれることでも有名です。ユラユラ〜、ズドン！

豆コラム

幕末までに経費精算

クレジットカードや銀行引き落としの明細を見ていると、「今月は使いすぎた…」と暗い気持ちになることがありますが、幕末期も同じように「ミニエー銃こんなに買ったっけ？」「留学でお金使いすぎたかも」「蘭癖が過ぎた」となっていた大名・志士も多かった気がします。この引き落とし何だっけ？　ああ、薩長同盟の打ち上げか。

明治時代のスタバの新作

USHI
GYUNYU
MILK

MEIJIJIDAI
BUCKS

USHI
HOT MILK
牛の乳(ホット)

西洋からやってきた
と〜っても美味しい
新作ホワイトドリンク!

USHI
MILK
牛の乳(コールド)

芳醇な香りとまろやかな口当たりと、
文明開化の最先端「牛ドリンク」

欧米で大流行の牛から絞った乳「牛乳」が遂に登場。
美味しいだけじゃなく体にも良い新作です。

COMING
SOON!

スタバ的なお店で発売される新作のポスター。西洋で流行っている新感覚テイストドリンク・牛乳が登場。ミルキィ体験!

 幕末・維新の勉強コーナー 

明治時代に始まった
日本独自の「洋食」文化

牛乳

日本での牛乳飲用は文明開化とともに始まりました。文久３年、オランダ人から乳牛の飼育・搾乳技術(さくにゅうぎじゅつ)を学んだ前田留吉(まえだとめきち)という人物が、横浜に搾乳所を開いたのが**日本人による最初の搾乳業**とされています。さらに食卓にまで牛乳が普及するのは、パンを食べることが一般的になった戦後になってからとなります。米国の初代駐日公使のタウンゼント・ハリスは牛乳が大好物だったそうです。ハリスが日本で体調を崩した際には、侍女(じじょ)が手を尽くしてようやく手に入れ、竹筒に入れて運んで飲ませたそう。牛乳飲むのも一苦労。

洋食

明治維新後、政府が発表したい政策のひとつに「肉食奨励(にくしょくしょうれい)」というものがありました。それに伴い日本で西洋料理が広がり始めますが、当初は**貴賓(きひん)をもてなすための料理だったため、庶民には縁遠い食べ物**でした。明治末に至って、カツレツ、エビフライなど、日本独自の工夫がされた料理が普及していき、それが「洋食」と呼ばれるようになっていきました。先人の工夫が詰まった美味しさなんですね。ありがとう、先人！

豆コラム

インスタに「＃牛乳」で投稿

はじめてスターバックスに行ったとき、メニューがよくわからなくて勘で頼んだらめっちゃ小さいカップで出てきた（エスプレッソ）、みたいな話はたまにありますが「明治時代に西洋からやってきた新ドリンク」だとその数倍大変そうな気がします。ミルクってなに？　え、牛の乳って飲めるの？　という。ただ飲んだらきっと、明治インフルエンサーもリピ確定！

近藤勇の手帳の中身

4月 1868年 March - April　　edo diary

週間予定 Weekly schedule

・旧幕府軍の歩兵募集確認(マスト)
・会津行きの諸々確認作業を進めておく
・沖田にお見舞いの品送る(流山みりんか鉄砲漬け)

3/29 日 SUN

15:00 隊内MTG
アジェンダ：会津行きに備えての隊再編成について
※先週入り切らなかったので休日対応案件

3/30 月 MON

五兵衛新田での歩兵募集の締切日
隊士・250名は確保したい ※追記 速報値で227名

3/31 火 TUE

変名をさらに変更予定
案「大久保大和」

4/1 水 WED

千葉・流山への移動日
隊メンバーは光明院・流山寺に分宿

4/2 木 THU

12:00 土方と1on1
本陣(長岡七郎兵衛宅)で開催予定
昼飯食いながらでもいいかも

決戦は
4/3 金 FRI

新政府軍の包囲状況確認

状況次第では
流山からくだるかも…？

4/4 土 SAT

予定なし
(もしかしたら終日捕縛か)

近藤さんが懐にしまっているシステム手帳。几帳面なタイプかもしれないですね。4月3日以降は、空白が続きそうですが。

幕末・維新の勉強コーナー

京都の街で恐れられた新選組と「近藤勇」

近藤勇

新選組の局長。近藤周助から天然理心流を学び養子となり、その後幕府の募集に応じて浪士隊に入り京都へ。芹沢鴨らとともに新選組を結成して幹部となり、尊攘運動を取り締まります。倒幕派の志士を襲った池田屋事件などが特に有名。近藤勇は口が大きく、**拳を口の中に入れることができた**そう。戦国武将の加藤清正も同じことができたことから、近藤自身は「加藤清正のように出世したい」と話していたそう。スゴい発想。

決別の地・流山

近藤は鳥羽・伏見の戦いに敗れたあと江戸に帰り、甲陽鎮撫隊を組織します。名を大久保大和としつつ、甲斐国勝沼、下総国流山で新政府軍と戦いますが、**武器の扱いに不慣れだったり、銃に抜刀戦を仕掛けてしまったり**、という戦いぶりで敗戦。流山で新政府軍に捕らえられ、斬首されます。新選組局長のなんとも寂しい最後です。

豆コラム

大切な日はハート印で

手帳を買うだけで日々の出来事をしっかりと積み重ねて記録していける気がしてくるのですが、最後まで使い切れた試しがありません。近藤勇の手帳は流山以降、記されていないでしょうが、松平容保と面会する日には「松」のシールが貼ってあったり、御用改めての日には「御」のシールが貼ってあったりしたのかもしれません。いや、御用改めは㊙か♥かも。

西郷隆盛のインスタグラムのプロフ

20:34

saigo-takamory

1828	1万	23
投稿	フォロワー	フォロー中

Saigo Takamori 西郷隆盛

薩摩出身。明治新政府で参議やってます。薩長同盟や王政復古、戊辰戦争なんかに携わってきました。最近だと江戸総攻撃なんかも担当(中止になったけど)。ちょいちょい島流しにあったりしてます。尊敬する人は島津斉彬。犬好き。口癖は「おいどん」「ごわす」。公式は▶▶

https://bit.ly/2VOyuZP

フォロワー: **komatsu-tatewaki、okubo-tsmch**

フォロー中 ⌄ | ふみ | ⌄

西郷隆盛がインスタをやっていた場合の人柄が垣間見れるプロフ欄。島流しに遭いがちな人なのですね。

 幕末・維新の勉強コーナー 

ごわす＆おいどん、明治維新の元勲「西郷隆盛」

西郷隆盛

薩摩藩出身の軍人。藩主・島津斉彬に取り立てられて藩政に参画し、将軍継嗣問題で一橋慶喜の擁立に尽力しますが、斉彬の急死や、井伊直弼の安政の大獄などの影響で帰藩。王政復古、戊辰戦争などでも活躍し、廃藩置県などにも尽力しました。その後、辞職・帰郷していましたが西南戦争を起こして戦死します。上野の銅像は散歩ではなく、**愛犬を連れて兎狩りにでかけている姿**だそうです。愛犬の名前は「ツン」。いい名前すぎる。

江戸総攻撃

鳥羽・伏見の戦いで旧幕府軍は敗北し、大坂にいた徳川慶喜は江戸に戻りました。慶喜を追討するため新政府軍は追討令を発し、東征軍を結成して東海、東山、北陸の三道から進軍を開始、江戸総攻撃を目指しました。これに対して勝海舟や天璋院篤姫、和宮などの働きかけにより、**奇跡的な江戸無血開城**へと続いていくわけです。

豆コラム

最後は「# もうここらでよか」

インスタに投稿するとき、ハッシュタグをつけるのがなんとなく気恥ずかしい勢なのですが、西郷さんのインスタの場合だと「# おいどん」「# ごわす」あたりは必ず毎回レギュラーでついてそうな気がします。あと合戦なんかに関する写真のときは「# チェスト」ですかね（示現流の掛け声）。ただ犬投稿の場合は急にそれっぽく「# 犬のいる暮らし」とかですかね。

勝海舟のYouTubeチャンネル

10:29

ホーム　動画　幕臣リスト　海軍コミュニティ　チ

勝海舟のワンワンちゃんねる

チャンネル登録志士数 11万人

チャンネル登録

アップロード動画

【ご報告】報道にあった江戸城無血開城の件について

982万 回視聴・1週間

長崎海軍伝習所に通う男子のモーニングルーティン

212万 回視聴・2年前

犬に噛まれた話を初めてします。

180万 回視聴・3ヶ月前

【渡米船上日記#11】全部見せます！超豪華な咸臨丸ルームツアー

72万 回視聴・1年前

【ドッキリ】直心影流・島田虎之助を不意打ちで倒せるか？

43万 回視聴・1週間前

【佐久間象山直筆の書

ホーム　探索  登録チャンネル 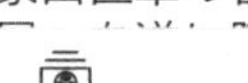 ライブラリ

勝海舟が投稿しているYouTube動画の一覧。不意打ちチャレンジは若干炎上しそうな気もしますが、チャンネル登録よろしく！

幕末・維新の勉強コーナー 

江戸を戦火から救った“幕末の三舟”の一人「勝海舟」

勝海舟

江戸後期の幕臣。蘭学・兵学などを学び、その後長崎の海軍伝習所に入って航海術を習得します。咸臨丸の艦長としてアメリカに渡り、帰国後は坂本龍馬ら脱藩浪士の教育にあたります。慶応4年に陸軍総裁となり、西郷隆盛と会見するなどし、江戸無血開城を実現させた人物です。**小さい頃に犬に股間を噛まれて生死をさまよい、それ以来犬が嫌い**、という強いエピソードの持ち主。Qちゃんとかドラえもんみたいな逸話です。

咸臨丸

勝海舟がアメリカに渡ったときに艦長を務めた船。オランダで建造され、幕府が10万ドルで購入し、その後、海軍伝習所の練習艦となります。太平洋の横断には43日間を要していますが、勝は出航後すぐに激しい船酔いになり、**アメリカ到着までにほとんど船室から出てこなかった**と言われています。名ばかり艦長感がありますね。

豆コラム

酔っぱらい系 YouTuber

勝海舟は、お風呂上がりにブランデーを一気飲みして脳溢血で亡くなったとされています。なんというかダイナミックな死に様ですが、YouTubeをやっていたら、ベロベロに酔っ払いながら戊辰戦争実況とかをやっていそうな気がします。「酔っ払って戦争するな」とか「犬まだ出てこないの？」等々、コメント欄が荒れていそうですが。

1868年

無血開城スタンプラリーの台紙

旧幕府に新政府、朝廷、イギリス勢まで、幕末みんなでわっしょい企画！

無血開城スタンプラリー

【期間】　慶応3年12月～慶応4年7月（明治時代になり次第終了）
【ゴール】江戸城北桔橋門 特設ゴール会場

1 天璋院篤姫
西郷隆盛宛の手紙を書いてもらう

篤姫
スタンプ

2 山岡鉄舟
西郷隆盛と先行して会談する

あんぱん
スタンプ

3 パークス
日本に圧力をかける

英国旗
スタンプ

4 勝海舟
西郷隆盛と会談する

いぬ
スタンプ

5 徳川慶喜
江戸から水戸に退去する

6 無血開城
江戸城を無血開城する

やったね
文明開化
スタンプ

ゴールすると
もれなく
文明開化！

主催 明治政府 協賛 徳川幕府

江戸無血開城がスタンプラリーのような手順で進行されていたら。明治時代までにご参加ください。

幕末・維新の勉強コーナー

江戸の町を戦火から救った「無血開城」

無血開城

江戸幕府の本拠だった江戸城が、**戦闘などが行われずに開城したこと**をいいます。鳥羽・伏見の戦いの敗戦後、江戸に戻った徳川慶喜に対して新政府は追討を決めます。軍が江戸に向けて進軍する中、幕府陸軍奉行だった勝海舟が、幕臣の山岡鉄舟を西郷隆盛のもとに派遣。その後、西郷・勝の会見が実現し、江戸での武力衝突は直前に回避されました。江戸城は慶喜の助命、徳川家の存続を条件に開城。政府内部の徳川一門や、和宮などの嘆願も功を奏したとされています。

パークス

明治初期の駐日イギリス全権公使。薩摩・長州の討幕派を援助し、明治維新の変革の中で大きな役割を果たしました。戊辰戦争では局外中立の立場をとりましたが、結果的に外国からの幕府側への援助を妨げる一因となりました。江戸無血開城に尽力し、維新後も日本の外交に影響を与えた人物。本人は「イエス、イエス、イエス」と同じ言葉を３度繰り返すのが口ぐせだったそうです。それだけ聞くとやや胡散臭さも感じますが、ちゃんとした紳士です。

豆コラム

駅チカ物件・レジデンス江戸城

「江戸開城」という言葉を聞くと、引っ越しの最後に不動産屋さんに鍵を返すシーンを思い浮かべてしまいます。ガランとした城の中で待つ徳川慶喜。やってきた担当の西郷隆盛は城内をチェックして「じゃ、大丈夫でごわすね」なんて言って、鍵を受け取る。「それじゃ敷金は戻ってきますが、水戸での謹慎はお願いしますね」みたいな。

第4章

新時代の幕開け

幕末の終わり

1868年	戊辰戦争（鳥羽・伏見の戦い）
	五箇条の御誓文
1869年	版籍奉還
1871年	廃藩置県
1874年	民撰議院設立の建白
1876年	廃刀令
1877年	西南戦争

1868年

鳥羽・伏見の戦いのポスター

鳥羽・伏見の戦いの開戦前に貼り出されるポスター。近隣の方はぜひおいでやす！　錦の御旗が翻ったあとのキャンセルはできませんが。

幕末・維新の勉強コーナー

討幕派が主導権を握った「鳥羽・伏見の戦い」

鳥羽・伏見の戦い

京都の南にある鳥羽や伏見で、新政府軍と旧幕府軍との間に起きた武力衝突。江戸市中で薩摩藩が行った挑発的行為に対して、激怒した会津・桑名藩の勢力が大坂から京都へ進撃。鳥羽・伏見で交戦しました。数では３分の１に満たないものの、装備などで勝る新政府軍が旧幕府軍をたった１日で撃退。慶喜は江戸に逃れ、ここから戊辰戦争が始まりました。この戦いの最中に、**錦の御旗が新政府軍側にあがり「官軍」となった**わけです。幕末のやる気スイッチ。

佐々木只三郎

幕末の武士。清河八郎らと共に浪士組として上洛。その後、江戸に戻って活動する中で清河八郎を暗殺。京都見廻組に転じて再び上洛し、慶応３年には**坂本龍馬の暗殺の実行犯**として指揮を取ったといわれています。鳥羽・伏見の戦いに参戦するも負傷し、その後死去しています。小太刀による剣術を得意としたといわれ「小太刀をとったら日本一」と評されました。龍馬を斬った男として、映画などの題材にもされがちな人物。

豆コラム

いとおかしwww

「勝てば官軍、負ければ賊軍」という言葉がありますが、江戸末期の民衆が情勢を揶揄した狂歌がもとになっています。今風にいうと、ネットやサブカルチャーでの流行り言葉が一般化していくようのなものでしょうか。あと百年くらい経てば「草生える」とか「待って無理」みたいな言葉も、古来からの雅な言葉に昇華しているかもしれないですね。

牛鍋の食べログレビュー

18:28

喰ふログ

トップ　メニュー　銀板写真 4551　口コミ 197

横浜入船町 / ビール、居酒屋料理、牛鍋料理、牛肉、文明開化メニュー

★★★★☆ 4.49　197件　18060件

10銭～15銭(酒代込み)　3銭5厘～6銭

横浜に上陸した日本で初めての牛鍋屋！仮名垣魯文も「安愚楽鍋」で紹介した牛肉料理のお店です。

牛鍋食わぬは開化不進奴！欧米で人気の最先端「牛料理」がついに日本初上陸！仮名垣魯文も紹介した、散切り頭を叩きながら牛肉料理を楽しめる日本初の牛鍋屋です。

西洋の味に舌鼓！ビールとの相性もgood。

居酒屋に併設された牛鍋屋ということで来店。初めて牛肉を食べたが醤油ベースの味付けで非常に食べやすかった。居酒屋だけにビールもメニューに合って非常にgood。リピ確定です。

★★★★★ 4.8

小松帯刀(122)　薩摩藩認証済み
明治2年訪問 | 5回

牛肉を食べると元気がでる

牛肉を嫌う人もいるようだが、一度食べてみればわかると思う。とにかく旨い。そして元気がでる。逆に肉を食べないのであれば元気がでない。そうなれば国家としての損失である。食うべし。

★★★★★ 4.8

福沢諭吉(81)

新グルメ「牛鍋」のレビューが食べログ風のサイトに載っていたら。諭吉先生は牛肉推し本「肉食之説」も執筆しています。

幕末・維新の勉強コーナー

文明開化の味がする最先端グルメ「牛鍋」

牛鍋

牛肉をネギや豆腐などとともに鉄鍋で煮ながら食べる料理。現在では関西風の名称である「すき焼き」が一般に用いられていますが、**文明開化の時期に、東京周辺で流行するようになった食べ物**です。当時、居留地に多くの外国人が暮らしていた横浜で、居酒屋を営んでいた「伊勢熊(いせくま)」というお店が、１軒の店を２つに仕切り、片側だけを牛鍋屋として開業したのが最初とされています。それを皮切りに、横浜や東京で牛鍋屋が次々にオープンしたそう。

仮名垣魯文(かながきろぶん)

幕末から明治初期の戯作(げさく)者、新聞記者。本名は野崎文蔵(のざきぶんぞう)。女性の富士登山解禁をあてこんだ戯作『滑稽富士詣(こっけいふじもうで)』で世に認められ、戯作者としての地位を得ます。明治維新後は『西洋道中膝栗毛(せいようどうちゅうひざくりげ)』『安愚楽鍋(あぐらなべ)』といった作品を発表して人気作家になりました。「仮名読新聞(かなよみしんぶん)」や「いろは新聞」なども創刊しています。代表作『安愚楽鍋』は文明開化の風俗について、当時流行していた牛鍋屋に集まる人たちの浮世談義を通じて風刺的に描いた作品です。

豆コラム

牛も正義

明治時代に食されるようになっていった牛肉。一方で、歴史的な経緯(けいい)から肉食を敬遠する向きもあったので、もしもレビューサイトがあったとしたら、牛鍋サイコー！という勢力と、牛肉食べるなんてどうなん？　勢がしのぎを削(けず)ってちょうど、平均点で均衡していたのかもしれません。ただその後の肉食文化の発展を考えると、やっぱり「美味しいは正義」なんですね。

幕末の学習雑誌

誠
夜明けぜよ！読むぜよ！
近代的！ミニエー銃の撃ち方講座
かんたん！歌川芳虎先生の武者絵入門
幕末志士の学習雑誌
幕末一年生
おはなし名作館
沖田くんと黒猫
慶応三年十一月十五日
明治維新直前号！
ハリス要求！
不平等！
応募者全員サービス
誰でも結べる
徳川家茂の署名付
「日米修好通商条約」調印セット
君は開国派？攘夷派？
吉田松陰先生の「松下村塾」㊙ノート
歌川貞秀先生の「横浜絵」書き方講座
徳川慶喜の将軍入門！
①わかりやすい大政奉還チェック表！
②優しさ満点！かんたん無血開城本！
ペリーが君の家に来航
黒船模型
土方歳三、坂本龍馬も撮影してる！
肖像が残せる「湿板写真セット」
スペシャル付録・粛清されないための
新選組「局中法度」早おぼえドリル
11月号
井伊直弼人形付き「桜田門外の変」配置マップ

幕末・明治の児童を夢中にさせる学習雑誌の表紙。「桜田門外の変」配置マップで勉強して暗殺から生き残ろう！

幕末・維新の勉強コーナー 

幕末や明治を描いた歌川国貞の門人たち

歌川芳虎

江戸後期から明治にかけての浮世絵師。歌川国芳の門人です。武者絵や役者大首絵（半身像や胸像などの絵）を得意とした浮世絵師で、相撲絵なども多く残しており、明治初め頃の「錦絵絵師番付」では歌川貞秀と番付を争っている人気の浮世絵師。気性の荒い人物だったと伝わっていますが、安政５年頃に師匠から破門されていたり、錦絵「道外武者御代の若餅」では徳川家康を風刺した作品で処分されたりしており、**アナーキーな一面を持ったパンク浮世絵師**。

歌川貞秀

こちらも江戸後期から明治にかけての浮世絵師で、おなじく歌川国芳の門人の一人。**横浜絵の第一人者**と言われています。横浜絵は、当時開港した横浜を舞台にして異国の風俗を紹介することに重点をおいて描かれた浮世絵ジャンルのことです。なんとなくオシャレなジャンル。また貞秀は、鳥瞰で描かれた一覧図や合巻挿絵でも知られた人物です。慶応３年のパリ万博の際には、歌川芳虎らとで製作された「浮世絵画帳」にも関わっています。

豆コラム

ガトリング砲はちゃんと回転します

幼児向けの雑誌『幼稚園』ではUFOキャッチャーやATMなどが付録となって話題になったことがありますが、幼児向け雑誌ですが大人でも「ちょっと欲しい」と思うレベルの付録なので、幕末の学習雑誌にも「ガトリング砲」「八木邸完全模型」「田中久重の弓曳童子」なんて付録が付いていると、多趣味な徳川慶喜あたりは全部買っていそうですね。

1871年
廃藩置県のお知らせ封筒

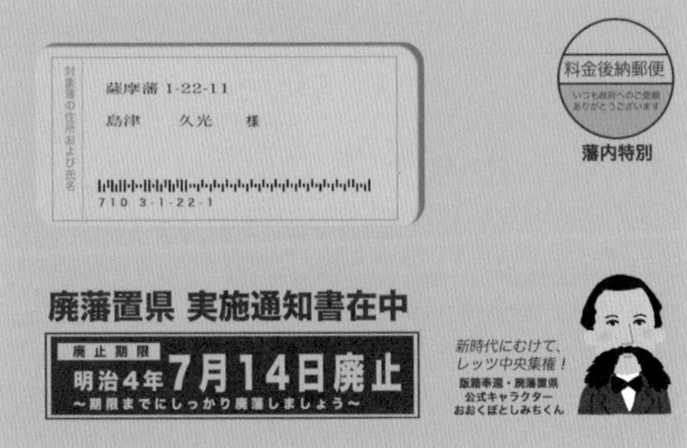

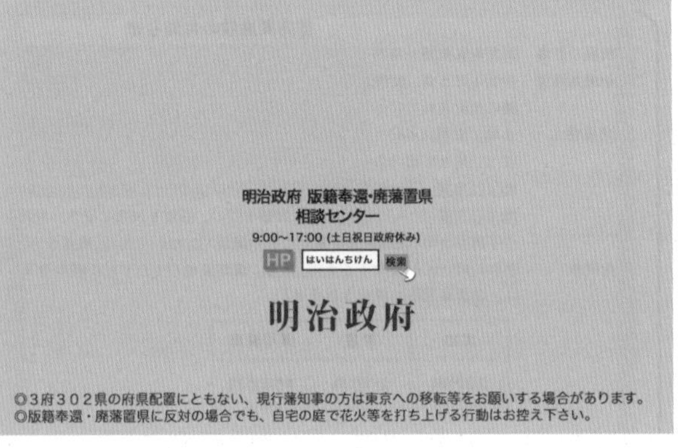

廃藩置県のお知らせ

平素より明治政府に格別のご高配を賜り厚く御礼申し上げます。

政府では中央政権化を目的として、全国にある261の藩を廃止して新たに府県を配置する「廃藩置県」を実施することとなりました。

廃藩置県の実施後は、債務の肩代わり、年貢の政府収入化のほか、旧藩主のみなさまには東京への在住が求められますので、同封されている、

「廃藩置県の手続き」「東京への移住申し込み書」「新しい知事について」

を必ずお読みの上、期日までにご対応ください。

明治政府

廃藩置県についての政府からの大切なお知らせです。期限までにしっかりと藩内整理のご対応をお願いします。

幕末・維新の勉強コーナー

幕藩体制が解体されたお達し「廃藩置県」

廃藩置県

明治４年、明治政府が中央集権化を図るため**全国261の藩を廃止して、代わりに府県を設置**した施策のこと。大久保利通、木戸孝允、西郷隆盛らが主導しました。政府は債務を肩代わりするかわりに年貢を政府の収入とし、また旧藩主らの東京在住を命じました。それにあわせて新たに中央から府・県知事が任命・派遣され、いわゆる中央集権体制が完成しました。施行当時、最初の府県の数は３府302県。県がいまよりだいぶ多いです。

島津久光

島津斉興の５男で母はお由羅。父・斉興の死後、斉彬とのお家騒動で敗れたものの、斉彬の遺命によって子・忠義が藩主となり、国父として実権を握った人物。藩兵を率いて上洛、斉彬の遺志を継ぎ公武合体運動を展開。尊攘派を弾圧する一方、幕政の改革を推進しました。大久保利通らが廃藩置県を実行した際には、それに激怒して、**自宅の庭で一晩中花火を打ち上げる**という、斬新な抗議スタイルを披露したことも。それ、抗議なの？

豆コラム

ペリペリ剥がして廃藩置県

幕末から明治維新の時期には、家のポストに「廃藩置県」以外にも沢山のお知らせが届きそうな気がします。無料の御用改めキャンペーンのお知らせDMとか、道場・城修理110番のマグネットとか。しかし沢山届くだけに、うっかり大切なお知らせも見逃しそうです。え？　俺って賊軍になってるの？

1871年

岩倉使節団の旅のしおり

岩倉使節団たびのしおり

~目指せ文明開化！西洋文明の調査と不平等条約改正の旅！~

■日程
明治4年11月12日～明治6年9月13日
※各国の情勢により延長の場合あり

■ 集合場所
横浜（横浜港）・米国太平洋郵船会社前広場

■行程 (天候等により変更あり)
明治4年11月12日 横浜港出港(蒸気船・アメリカ号)
明治4年12月06日 サンフランシスコ着・周辺観光
明治4年12月26日 ソルトレイクシティ着
明治5年01月18日 シカゴ着
明治5年01月21日 ワシントン着
明治5年01月25日 大統領グラントに謁見(ホワイトハウス)
明治5年05月05日 ニューヨーク着・各地訪問
明治5年07月14日 ロンドン着・イギリス各地訪問
明治5年11月16日 パリ着・フランス各地訪問
明治5年～明治6年 欧州各地訪問(オランダ、イタリア他)
明治6年08月18日 シンガポール着
明治6年09月02日 上海着
明治6年09月13日 横浜着・解散

Let's go America!

■ツアー添乗員
岩倉具視(特命全権大使)
木戸孝允(副使)、大久保利通(副使)、伊藤博文(副使)

■注意事項
※髷や和服でツアーに参加された場合は、未開の国と侮りを受ける可能性があるため、断髪等をお願いする場合がございます。

担当・岩倉

岩倉使節団のメンバーに事前に配られる旅のしおり。まげや和装でのご参加については、ご注意下さい（特に公家の方）。

幕末・維新の勉強コーナー

政府トップが欧米を旅した「岩倉使節団」

岩倉具視

公卿。岩倉具慶の養子。公武合体を唱えて、和宮降嫁を画策、一時は宮中を追われますが、その後薩長倒幕派と連携して慶応３年には王政復古を実現し、新政府の中枢に座ります。明治４年には、特命全権大使として伊藤博文らとともに欧米を視察しています。お酒が大好きで、大隈重信、伊藤博文と３人で**「12時間耐久飲み会」**を開催し、誰が最後まで残るか勝負するという逸話も残しています。飲み会の名前は「酒戦会」（実話）。

岩倉使節団

明治政府が欧米に派遣した使節団。正使の岩倉具視のほか、大久保利通、伊藤博文、木戸孝允らの政府のトップを含めた107名がおよそ２年間、各国を歴訪しました。髷と和服姿で参加した岩倉具視は、同行の岩倉具定らに「未開の国と侮りを受ける」と説得されシカゴで断髪しています。**シカゴの散髪屋もびっくりした**でしょうね。

豆コラム

船で酔いやすい人は前の席で

岩倉使節団は総勢100名以上で派遣されたので、準備・引率も相当大変だったのではないでしょうか。メンバーも薩長の士族から公家等々もいるわけですので、刀は持っていっていいのか、烏帽子は向こうで借りられるのか、酒はお菓子に入るのか、といった質問もあったのかも。そもそも期間が２年弱あったので、旅しおりもタウンページ並ですね。

1872年

明治時代の本屋のポップ

天は人の上に人を造らず 人の下に人を造らずといへ

福沢諭吉の人気シリーズ「学問のすゝめ」待望の新刊が登場！政府を「社会契約説」に基づいた市民政府と定義した諭吉が、法治主義の重要を語る！その法治を破った江戸時代の仇討ちストーリー「赤穂浪士」を仇討ちを私刑の「悪例」と非難する衝撃の一冊が登場！

「学問のすゝめ」 福沢諭吉

第六編 ～国法の貴きを論ず～

書物ファーストラ江戸城店様へ

昔、酒に酔っ払って素っ裸で
適塾の中をうろついていたところ、
先生ご婦人にばったり会ってしまって
そのすごく恥ずかしかったです…。
そんな私が書いた民主主義国家に
ついての啓蒙書ですので、
どなたにこそ気軽にお読みいただける
内容かと思います！

明治7年2月11日 福沢諭吉

店員さんが手書きでポップをしたためていたら。著者・福沢先生からの直筆サインもあります。

幕末・維新の勉強コーナー 

天は人の上に人を造らず…
思想家「福沢諭吉」

福沢諭吉

明治の思想家・教育家。緒方洪庵に学び、安政５年に江戸にでて蘭学塾（のちの慶應義塾）を開設します。独学で英語を勉強し、幕府の遣外使節の随員として３度に渡って欧米視察。明治維新後は新政府からの招きには応じず、『学問のすゝめ』を刊行するなど、教育・啓蒙活動に専念しています。真面目なイメージですが、神社でいたずら（御神体の石を他の石とすり替える）をしても、祟りが起こらないかを確かめる子どもだったそう。

学問のすすめ

自由平等と独立の思想に基づいて書かれた、福沢諭吉による、代表的な著作。明治５年から断続的に出版された17編の小冊子で、のち１巻にまとめられています。第１編の冒頭にある**「天は人の上に人を造らず、人の下に人を造らずと云へり」**の一句が有名です。明治初期のベストセラーになり、社会に多大な影響を与えました。

豆コラム

新選組のお札は強そう

「一万円札に刷られている顔」として見かける機会が多い福沢諭吉（私の財布にはあまりおいでにならないのですが）。お札に印刷される人物については、業績や知名度などで選ばれるそうですが、昔は偽造防止の観点から「髭がある人」なども条件だったそう。いまは技術の進化で問題ないそうなので、坂本龍馬とか新選組あたりもお札にしてほしいものです。

1872年

富岡製糸場の不動産風チラシ

富岡の地に近代的な製糸場がいよいよ誕生。明治政府公認の工場ですので安心してお働きください。

幕末・維新の勉強コーナー

日本の近代産業の礎となった「富岡製糸場」

富岡製糸場

明治５年、群馬県富岡に設立された器械製糸工場。**明治政府による日本初の官営模範工場**として、渋沢栄一らの尽力によって設立されました。フランス製の繰糸器械を300釜備えた大規模な工場で、フランス人技師・ブリューナの設計・指導によって操業を開始しました。富岡は養蚕業が盛んだったため、当時、輸出品規模も大きかった生糸の品質向上と技術者育成のため選ばれました。工場の従業員は士族の子女が多かったとされています。

尾高惇忠

明治初期の実業家。渋沢栄一と富岡製糸場の建設に携わり、その後所長となって養蚕・製糸の振興につとめた人物。明治維新前は、徳川慶喜の警護などを目的として結成された彰義隊に参加しており、その後は旧幕府軍のひとつである振武軍で官軍と戦っています。尊王攘夷思想の気運の中で、栄一らと共に高崎城を乗っ取り武器を奪い、「外国人居留地を焼き討ちにしよう！」という、メチャクチャな計画を立てますが、親族の説得で中止している過去も。**武闘派すぎる所長。**

豆コラム

きょうは牛鍋の気分

当時、最先端の工場だった富岡製糸場。最先端だけに「あんなところで働くなんて素敵～」という印象もあったのかもしれません。一昔前のシリコンバレーや、国内だと再開発が進む渋谷だったり虎ノ門だったりのような場所ですかね。休み時間になると、士族の子女の方々が長財布を片手にランチに行く訳ですね。

蒸気機関車の取扱説明書

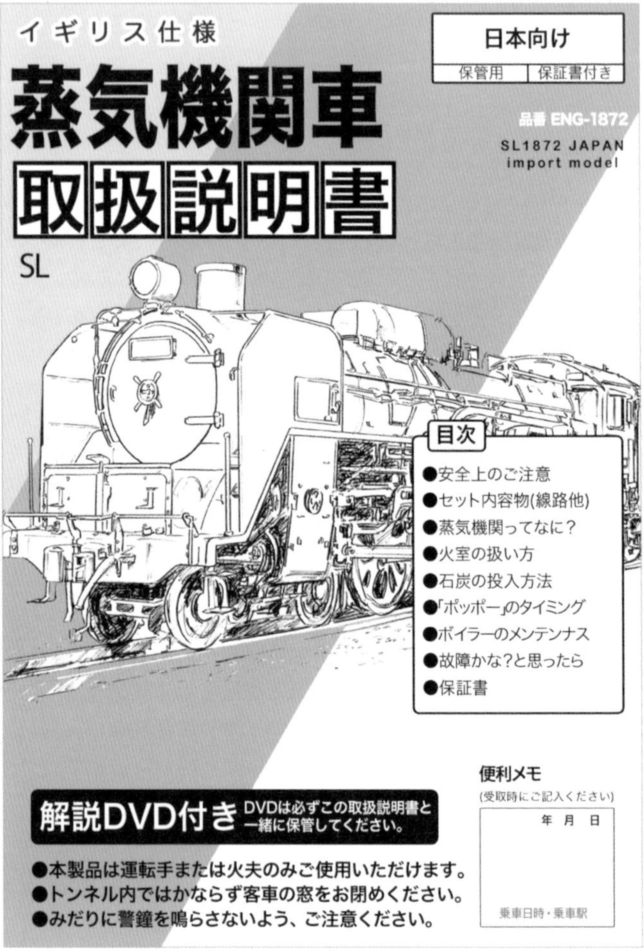

イギリス仕様

日本向け

保管用 | 保証書付き

蒸気機関車
取扱説明書

品番 ENG-1872

SL1872 JAPAN
import model

SL

目次

便利メモ
(受取時にご記入ください)
年　月　日

乗車日時・乗車駅

解説DVD付き DVDは必ずこの取扱説明書と一緒に保管してください。

●本製品は運転手または火夫のみご使用いただけます。
●トンネル内ではかならず客車の窓をお閉めください。
●みだりに警鐘を鳴らさないよう、ご注意ください。

明治時代に伝わった蒸気機関車のトリセツ。DVD付きなので初めての方でも安心してお使いいただけます。

幕末・維新の勉強コーナー

文明開化で超便利「蒸気機関車」「郵便制度」

蒸気機関車

日本での実用の蒸気機関車は、明治５年の新橋・横浜間の鉄道開業に先立って、イギリスから輸入された10両が最初とされています。その後、北海道・幌内鉄道、九州鉄道などが機関車を輸入し、継いで官設鉄道・私設鉄道でも輸入と導入が続きました。初の国産機関車は、1893年に神戸工場でイギリス人技師の指導により製作された機関車です。ちなみにペリーが来航した際に、**幕府の役人の前で模型の蒸気機関車の走らせた記録**も。ペリー、カマしにきた感じですね。

ガス灯・郵便

ガス灯は、ガスの燃焼による光を利用する灯火で、日本では明治５年に、フランス人のアンリ・プレグランの設計・監督により、横浜の馬車道本通りから大江橋の間で初めて使用されました。**夕方に点灯夫と呼ばれる人が点火してまわり、翌朝また消灯にまわるもの**でした。大変そう。郵便制度のほうは、明治の官僚・前島密によって明治４年から官営の制度として、東京・大阪間からスタートしました。「郵便」の名称も前島の案に準じたものだそうです。なるほど。

豆コラム

リズムに合わせてかまたきコンボ

最近では家電製品に詳細な取扱説明書は添付されておらず、機器を立ち上げたときに、使い方のチュートリアルが始まる製品も多いですね。明治時代のSLも、立ち上げるとチュートリアルが始まって「STEP1. まずは石炭と水を補給しましょう！」とか出ると簡単そうです。ボイラーに石炭を投入するタイミングもリズムゲームっぽい感じだとさらに楽しそうです。

明治時代のヘアカタログ雑誌

空前の文明開化&散髪ブームに乗り遅れない！

MEN'S MEIJI HAIR

明治おしゃれ
洋髪
カタログ
慶応3年〜4年 秋冬

綴じ込みスペシャル
3STEPで明治BOY!
ウェルカム断髪！
かんたん「まげ」の落とし方

Cover Boy
木戸孝允
KIDO TAKAYOSHI
オシャレからは
逃げない自分でいたい

PICKUP SHISHI FILE
ISNIN DANSHI STYLE
明治男子の最強維新ヘア特集

レンガ造りの街並みに超映える！
最新「ニュアンス」ザンギリ頭

政治舞台で目立つ！
「おしゃれヒゲ」の作り方

シルエットで決まり！公家ヘア

脱侍スタイルから
洋装との合わせ方まで
完全ガイド！

話題の幕末女子に
きいてみました！
おりょう
新政府で大役を
担いそうな
男子ランキング

ちょんまげは古い！
散切り頭アレンジ
最強100スタイル

明治時代の理髪店で明治ボーイに重宝される一冊。散切り頭だけじゃなくおしゃれヒゲも載っています。

幕末・維新の勉強コーナー

文明開化の音がする最新ヘア「散切り頭」

大久保利通（おおくぼとしみち）

薩摩藩出身の政治家。討幕派（とうばくは）の中心人物で薩長連合（さっちょうれんごう）、王政復古などで重要な役割を果（は）たし、維新後も参議となり廃藩置県（はいはんちけん）・版籍奉還（はんせきほうかん）を成功させています。紀尾井坂（きおいざか）の変で不平士族によって暗殺されて死去。髭（ひげ）については「眼光炯々（がんこうけいけい）として鋭く輝き、頬（ほお）より頤（おとがい）にかけて漆黒（しっこく）なる髭（ひげ）を厳しく垂れ」と評されたことも。笑顔を見せない人物だったものの、**酒席の芸として「畳（たたみ）を回すという」という技**を持っていたそう。唐突＆ダイナミックな芸。

散切り頭（ざんぎりあたま）

髷（まげ）を切り落として、刈り込んだ髪形のこと。明治４年に政府が散髪（さんぱつ）・脱刀（だっとう）の自由を記した「散髪脱刀令」以来、民衆の間で流行（りゅうこう）して文明開化の象徴とされたヘアスタイルです。旧士族などから反対する声もあり、**不満をもった教師たちが辞職願を出して閉校**、なんて事態も起きたそう。逆学級崩壊状態。

豆コラム

思っていたのと違う散切り頭

「散切り頭」と一口にいっても、いがぐり的な短髪から、ちょい長めスタイルまで幅がありそうな気がします。散切り頭に挑戦しようと、明治時代の散髪屋に入ったメンズの方々も、え、待って、そんなに刈る？　というドキドキ感を味わったのかもしれません。現代と変わらないですね。肩を落としたほぼ丸刈り明治男子がいたら、そっとしておいてあげましょう。

1876年

廃刀令のお知らせハガキ

明治
料金政府
後納郵便

明治9年3月27日

布告

鹿児島城山1-1 私学校

西郷 隆盛 様

廃刀令に関する大切なお知らせ

※帯刀禁止に関する大切なお知らせです。士族の方はお受け取りになったあと、必ずご開封の上、内容をご確認ください。

第 123317311214 号 明治9年3月20日

明治政府 最高官庁 太政官

廃刀令管理センター

このハガキは三つ折です。①②をそれぞれ指定の矢印の方向にゆっくりとひらいてお読み下さい。①が最初のページです。

②　①

明治政府から廃刀令のお知らせがきていたら。期日までに必ずご開封の上、廃刀してください。

幕末・維新の勉強コーナー

武士の魂、回収いたします「廃刀令」

廃刀令(はいとうれい)

明治政府が軍人・警察官以外の帯刀(たいとう)を禁止した法令。庶民の帯刀禁止、散髪脱刀令を経て発令されたもので、士族などの帯刀を禁止しました。禁止されたのは帯刀であって、所持または所有そのものが禁止されたわけではかったものの、「苗字(みょうじ)帯刀を武士の特権」と捉(とら)えていた士族たちの中で、廃刀令に対する不満が高まり、熊本では保守的士族が明治政府へ反乱を起こす事態に発展しました。武士の権利を返せ～！

私学校(しがっこう)

外交政策の論争・征韓論(せいかんろん)に敗れ鹿児島に戻っていた**西郷隆盛(さいごうたかもり)が設立した士族中心の学校**のこと。篠原国幹(しのはらくにもと)の銃隊学校と村田新八(むらたしんぱち)の砲隊学校で構成され、城下ほか県下各地に136の分校をもち生徒を教育しました。県令（廃藩置県によって県に置かれた長官のこと）の大山綱良(おおやまつなよし)も私学校を支持し、区長・市長・警察官なども私学校の幹部で占められ、中央政府とは無関係に私学校勢力によって県政が行われるという状態に。西南戦争(せいなんせんそう)の際には、私学校派が西郷軍の主勢力となりました。西郷先生の影響力、凄い。

豆コラム

補習を受けさせられる幕府軍

廃刀令のお知らせハガキが届いたら、武士の方はこのハガキと刀をもって、期日まで廃刀令管理センターに行くのではないでしょうか。順番に窓口をまわって視力検査をして、講習も受けて最後に刀を返して廃刀完了ですね。ただし旧幕府軍側で戊辰戦争(ぼしんせんそう)に参加されていた方は、官軍からの講習がちょっと長めなのでご注意ください。

1883年

鹿鳴館のグランドオープンのポスター

鹿鳴館がついにグランドオープン。地域最大級の迎賓館が遂に登場です。入場には整理券をお配りします。

幕末・維新の勉強コーナー

夜な夜なセレブな舞踏会が催された「鹿鳴館時代」

鹿鳴館

外務卿・井上馨が提唱し、イギリス人建築家のコンドルによって、東京・日比谷（旧薩摩藩上屋敷跡）に建てられた洋館。外国からの貴賓の接待と、上流階級の社交を目的として建てられた施設で、**現在で言う迎賓館の機能**を果たしました。煉瓦造りの二階建ての建物で、ホールでは外国使節、政府高官、華族らによる夜会や舞踏会が開催されました。舞踏会ですって。オシャレ〜。その後、昭和16年に取り壊されています。

井上馨

明治・大正時代の政治家。吉田松陰の松下村塾で学び、その後討幕運動に参加。明治政府では財政・外交の両面で業績を挙げた人物です。実業界でも先収会社（のちの三井物産）を設立するなど活動。不平等条約を改正するため鹿鳴館を中心に、欧化政策を推し進めますが失敗しています。（長州藩主・毛利敬親から拝受した）**井上聞多の名前で、桃鉄にも登場**しています。料理好きで創作料理をよくふるまっていたそうですが、周りの人は気を遣って「美味しい」しか言えなさそうですね。

豆コラム

ちょっとしたパーティの起源

「ちょっとしたパーティ」という言葉をよく聞くものの、そんなパーティに行ったことがない、という感じではありますが、その「ちょっとしたパーティ」の始まりが、明治時代の鹿鳴館での夜会や舞踏会だったのかもしれません。当時の人も、「このちょっとしたバッグなるものは、このときに持っていけばよいのか！」と合点がいっていたのかも。

はじめての自由民権運動の書籍表紙

明治・入門ガイドブックシリーズ

明日からすぐにできる

じゆうみんけんうんどう

自由民権運動

明治7年度版

士族・平民用

板垣退助 著

全カラー図解
平民にもわかる！

板垣退助
演説DVD
つき
「板垣死すとも…」
DVD

幕末・明治
自由度No.1

憲法制定
国会開設
不平等条約改正
地租軽減

自由民権運動の基本がわかる一冊

ステップ別で建白書が書ける
民撰議院設立建白書
天賦の人権論に基づいた
言論の自由を要求できる

「藩閥による政治」に抗う意味から
自由と権利を要求まで徹底解説！
民主主義的な立憲制国家の礎に！

あいこくこうとうBOOKS

はじめて自由民権運動に参加する人、必読！　これさえあれば民撰議院設立建白書もバッチリ書ける！

 幕末・維新の勉強コーナー 

板垣死すとも自由は死せず「板垣退助」

板垣退助

幕末から明治の政治家。山内容堂を補佐して明治維新に参画し、戊辰戦争にも参戦。明治新政府では参議となっています。自由民権運動のさきがけとなった人物で、立派な髭も有名ですね。遊説中に刺され**「板垣死すとも自由は死せず」**と発したことでも知られています（死ななかったですが）。ちなみに板垣がフランスで購入したルイ・ヴィトンのトランクは、日本人が購入したルイ・ヴィトンの鞄の中で現存する最古のものだそうです。

自由民権運動

明治時代に、**藩閥政治に反対して国民の自由と権利を要求した政治運動。**明治７年に板垣退助らが「民撰議院設立建白書」を提出したことが運動のはじまり。憲法制定、議会の開設、地租軽減、不平等条約の撤廃、言論の自由・集会の自由の保障などの要求を掲げ、全国に運動が広がりました。大事な運動です。

板垣ジョブズ

選挙上手と言われた板垣退助。各地で演説した際には千人単位の聴衆が集まったとされています。この人を引きつける演説は、今風にいうとアップルのプレゼンみたいなものでしょうか。自由民権運動とは？　なぜ言論の自由が必要なのか？　を資料を交えて話す板垣退助。そしてラストは「One more thing…」からの「板垣死すとも自由は死せず」で締めてほしいです。

渋沢栄一のFacebook

22:02

kaobook  

徳川慶喜さんがコメントしました。 •••

渋沢 栄一
明治14年・

15年前のきょうなのかー。めっちゃ懐かしいな。
近藤さん、土方さんと初めて仕事した日だ。しかし沖田さんとかもいて、改めて濃いメンツだ(笑)

渋沢 栄一
慶応2年10月1日・京都・

きょうは廻組の隊士・大沢源次郎が不逞浪士と共謀しているとのことで、新選組さんにヘルプを頼みました。
先方の近藤 勇さん、土方 歳三さんと打ち合わせしたのですが、特に土方さんは怖そうな人かな？と思ったら「若そうですが、年齢いくつですか？」と聞いてくれて「27です」と答えたら「若っ、めっちゃ年下！」とリアクションしてくれて打ち解けました。
実戦に強い方とのことで頼もしいです。無事怪我なく捕縛できますように！写真は打ち合わせ中の局長の近藤さんです。
(写真とっていいよ、とのことだったのでw)

井上馨さんがいいね、他33人　コメント2件

渋沢栄一のFacebookに投稿される「○年前の今日」の出来事。明治の時代から「濃いメンツ」投稿はあったのかもしれません。

幕末･維新の勉強コーナー

近代産業の偉大すぎる指導者「渋沢栄一」

渋沢栄一

明治・大正の実業家。幕末期は尊王攘夷論に賛同して倒幕運動に参加。のちに徳川慶喜に仕え、幕臣となりました。慶応3年に慶喜の弟・昭武に随行して欧州渡航、経済の諸制度などの知識を学び、帰国後は新貨条例・国立銀行条例など諸制度改革を行います。その後退官し、第一国立銀行の頭取に就任。民間の銀行や産業などを指導し、近代産業の発展に大きな役割を演じました。**生涯で500以上の会社の設立**に関わっています。500て。

大沢源次郎

薩摩と内通した疑いで、新選組に捕縛された人物。大沢がつかまったとき、渋沢は陸軍奉行調役だったため新選組の近藤・土方らと打ち合わせを行っています。渋沢は近藤については「会って見ると存外温厚な人物」と評し、土方からは年齢をきかれ**「27歳になります」「さらば、拙者とはだいぶお下じゃ」**というやりとりもしています。

豆コラム

タグ付けで歴史が動く

Facebookにはタグ付けという機能がありますが、たとえば自分と一緒にいた人をタグ付けすると、タグを付けられた側のタイムラインにもその投稿が表示されたりします。これは幕末～明治の時期だと、「あいつ攘夷派と一緒にいるな」「用事あるって幕府の人との会合だったのね」等々、思いもよらぬバレ方をすることがあるので、幕臣・志士の方々は要注意。

明治から大正時代のテレビ欄

50 [字]バルチック艦隊が来た! ロシアからはるばるやってくる艦隊を大追跡▽丁字戦法に驚き 天

00 土曜明治ドラマ・マイファースト散切り頭 文明開化に揺れ動く
6:55 郵便◇今日のガス燈 N

00 [字]明治大正ニュース7 きょうの国内外の情報▽銀座煉瓦街オープン

30 [字]ブラ賢治「東北・花巻」 宮沢賢治が東北・花巻を歩く▽砕石工場で作られた意外な肥料…イギリス海岸で化石発見

8:15 ドラマ明治・渋沢日記 第4話「栄一、ネギ入り煮ぼうとうを食べる」 N

00 [字]MHKスペシャル「ポーツマス条約の舞台裏」 日露米それぞれの思惑の裏側▽小村寿太郎とウィッテの攻防▽暴動は何故起きた 天 N

55 [字]サタデーミュージック 瀧廉太郎「荒城の月」を留学中の欧州から生中継で披露▽石川啄木・一握りの砂を詠む N

11:05 ドキュメント72日間「富岡製糸場」 日本初の本格的な製糸工場を行き交う人々

11:40 解説・俳論句論「俳句・短歌改革の今」講師・正岡子規 天 N

0:05 あんぱんマップ◇暦 N

0:10 使節団といく!岩倉具視のぶらり欧州旅!

5

柔道・柔術中継「嘉納治五郎×ロシア人士官」欧州復路船上会場より中継(最大延長6:30まで) N

6

00 名探偵・江戸川乱歩 椅子になった男の謎…

30 満点!魯山人レストラン 牛鍋を美味しく食べる

7

00 [字]天才!漱石どうぶつ園! あだ名は吾輩?名物のシマ猫に完全密着▽江戸っ子すぎるボス猫・車屋の黒登場▽珍野ファミリーも大慌て? 天 N

8

58 [字]世界一受けたいクラーク博士の授業 カレー以外での米食は禁止?▽少年よ、大志を抱けの意外な続きとは

55 煉瓦建築ソノリティ◇ N

9

00 [字]太宰にしやがれ 川端康成と直接対決!賞ゲットなるか!▽酒の肴に最適!絶品お豆腐レシピ▽新聞社の入社試験に挑戦、結果は 天 N

10

00 [字]芥川はどうかしてる。 第六話・遂に夏目漱石に会うことができた龍之介の運命は?「吾輩も犬である」に漱石は…

55 モース貝塚へようこそ

11

00 [字]アキコ会議SP 与謝野晶子が恋愛エピソードを赤裸々トーク▽シベリア鉄道でパリへ…豪華列車旅の魅力を紹介▽鉄幹もスタジオ登場?

深夜

0:05 中原中也反省会 酒癖改善!大人のお酒の飲み方講座▽飲み会でぶん殴られないように

ゴールデンタイム前後のテレビ欄。NHKと日テレあたりですかね。太宰にしやがれは、川端康成と直接対決する神回です。

幕末・維新の勉強コーナー 

幕末から明治、そして大正へとつながる歴史

夏目漱石

明治から大正時代の小説家。松山で英語教師をつとめたあとイギリスに留学、その後東京帝大の講師となります。『吾輩は猫である』『坊っちゃん』などを発表して人気作家の地位を築き、その後東京朝日新聞に入社して『三四郎』『それから』『門』などを執筆。「漱石」のペンネームは**「負け惜しみの強い、屁理屈を並べる」**という意味ですが、交流のあった正岡子規のペンネームのうちのひとつで、子規から譲り受けたものです。

クラーク博士

アメリカ人の教育者。札幌農学校の創設者です。明治９年に来日して札幌農学校の初代教頭に就任し、「紳士たれ、この一言につきる」「規律を守らないものは退学あるのみ」といった骨太な方針で運営しました。**「少年よ、大志を抱け」**の言葉でも有名ですね。札幌のクラーク像の前での記念撮影は、だいたいあのポーズしがち。

豆コラム

偉人スター

幕末、明治、大正とこのあたりの時代のテレビ番組はスターが多くて面白そうです。テレビ番組表だけでは物足りないので、テレビジョン的な情報雑誌も読みたくなってきます。表紙も例のレモンではなくアレンジして、徳川慶喜ならカメラ、坂本龍馬ならピストルを持ってほしい。新選組は木刀ですかね。

おわりに

先日、トイレに入って温水便座を使っていたのですが、「止」を押しても止まらなくて、ずっとこのまま？！　と慌てました。

さて、そんなトイレのお供にも最適な本書（もちろんオシャレなオープンカフェや、静かな図書室で読んでももらっても大丈夫）ですが、いかがでしたでしょうか？

本書に登場する偉人たちもきっと、輝かしい功績だけでなく、現代の人と同じように小さい悩みや楽しみを持ちながら、幕末や明治の日々を過ごしていたのではないでしょうか。そういった人々を頭の中で妄想しながら、この人は駄目だなあ、でもここは凄い、でもやっぱりトータルでは変な人だなどなど、人となりをリアルに感じながらネタを作っていると、ますます偉人のことが好きになったり、愛着が湧いてきたりします。

みなさまも本書で取り上げたパロディで、教科書や資料集よりも多少は楽しみながら気軽に歴史を知って（そうでない人には土下座しながらですが）、歴史に興味を持ってもらえたり、歴史がちょっと好きになっていたりしてくれていると、めっちゃくちゃ幸いです。

歴史のことを好きになっていくと、たとえば観光旅行なんかで史跡を訪れた際には、「ここであの偉人…！」と知らない人より十二分にその場所を味わえたり、うっかり目をつむって思いを馳せたりできるので、これはお得です。ただ「やだ、なにあの人」と思われるリスクもありますが。

そんなふうに歴史好きが増えるといいなと思いながら、きょうも温水便座に座っています。

スエヒロ

参考文献

『値段史年表　明治・大正・昭和』週刊朝日 編（朝日新聞社）
『超ビジュアル！　幕末・維新人物大辞典』矢部健太郎 著（西東社）
『覚えておきたい幕末・維新の100人+1　スマート版』本間康司 著（清水書院）
『ビジュアル百科 日本史1200人1冊でまるわかり！』入澤宣幸 著（西東社）
『山川 詳説日本史図録 第7版：日B309準拠』詳説日本史図録編集委員会 編（山川出版社）
『精選版 日本国語大辞典』小学館国語辞典編集部 著（小学館）
『ブリタニカ国際大百科事典 小項目事典』（ティビーエス・ブリタニカ）
『朝日 日本歴史人物事典』朝日新聞社 編（朝日新聞社）
『日本大百科全書：ニッポニカ』（小学館）
『デジタル大辞泉プラス』（小学館）
『世界大百科事典 第2版』（平凡社）
『デジタル版 日本人名大辞典+Plus』（講談社）
千葉県香取市　伊能忠敬記念館

索引

スエヒロ @numrock

京都出身。大学卒業後に上京、インターネット関連の会社で働く。サラリーマンとして働く傍ら、日本史に登場する偉人や出来事と「現代あるある」をミックスさせた歴史パロディ画像を作成するなどの活動を行う。ツイッターのフォロワー数は11万人を超え、テレビでも話題となっている。
著書に『インスタ映えする 戦国時代』（大和書房）、『【至急】塩を止められて困っています【信玄】』（飛鳥新社）などのほか、NHKドラマ「光秀のスマホ」の製作協力などにも携わる。

新感覚な歴史の教科書
映える 幕末史

2021年4月1日　第1刷発行

著者　スエヒロ
発行者　佐藤 靖
発行所　大和書房
東京都文京区関口1-33-4
電話03-3203-4511

ブックデザイン　杉山健太郎
イラスト　室木おすし
本文印刷所　光邦
カバー印刷　歩プロセス
製本所　ナショナル製本
編集担当　長谷川勝也

ISBN978-4-479-39360-3

http://www.daiwashobo.co.jp/